Primera edición: 1994
Primera reimpresión: 1995
Segunda reimpresión: 1996
Tercera reimpresión: 1997
Cuarta reimpresión: 1998
Quinta reimpresión: 1998
Sexta reimpresión: 1999

Diploma Superior

Preparación para el Diploma Superior de Español Lengua Extranjera

Dolores GÁLVEZ

Natividad GÁLVEZ

Teresa INFANTE

Isabel LÓPEZ

Amelia MONTIEL

equipo de profesoras de la Sociedad de Estudios

Hispánicos Miguel de Cervantes, de Atenas

edelsa

GRUPO DIDASCALIA, S.A.

Plaza Ciudad de Salta, 3 - 28043 MADRID - (ESPAÑA)
TEL.: (34) 914.165.511 - FAX: (34) 914.165.411

Créditos

•Prueba 1. Ejercicio primero

1. Fragmento de *Beltenebros*. Novela de Antonio Muñoz Molina. Editorial Seix Barral.
2. "Cuidado con la codicia". Artículo de Antonio Corbillón. Periódico *Diario de Burgos*.
3. "La fuerza del destino". Artículo fragmentado de Maruja Torres. Periódico *El País*.
4. "La agonía parte de Mataró y dura 42.195 metros". Artículo fragmentado de Juan Mora y Jacinto Antón. Periódico *El País*.
5. "El Gobierno mantendrá la eñe en los ordenadores por razones de carácter cultural". Artículo fragmentado de Diego Muñoz. Periódico *El País*.
6. Fragmento de *Las oscuras raíces del flamenco*. Novela de José Manuel Caballero Bonald. Editada por la Confederación Española de Cajas de Ahorros.
7. "El increíble número de comprarse un piso". Revista *La compra a diario*.
8. "Tribulaciones de un estudiante". Artículo de Laura Freixas. Periódico *La Vanguardia*.
9. Extracto de *La Rosa de Paracelso*. Cuento de Jorge Luis Borges. Editorial Swan.
10. "Aprender a envejecer". Artículo fragmentado de Luis Rojas Marcos. Periódico *El País*.

•Prueba 1. Ejercicio segundo

1. Fragmentos de entrevista a Carmen Maura. Periódico *El Mundo*.
2. Fragmentos de entrevista a Luis Landero. Periódico *El País*.
3. Fragmentos de entrevista a Joselito. Periódico *El País*.
4. Fragmentos de entrevista a Octavio Paz. Revista *Leonardo*.
5. Fragmentos de entrevista a Cristina Narbona. Periódico *El País*.
6. Fragmentos de entrevista a Antxón Urrosolo. Periódico *El Mundo*.
7. Fragmentos de entrevista a Alberto Castejón. Periódico *El País*.
8. Fragmentos de entrevista a Moncho Vilas. Periódico *El País*.
9. Fragmentos de "El primer Seat". Periódico *El Mundo*.
10. Fragmentos de "Lanzarote, la luna fértil". Texto de Julio García Castillo. Revista *Viajar*.
11. Fragmentos de "El tango". Texto de Rudolf Chisteanschi. Revista *Geo*.
12. Fragmentos de "Informe: Chiapas".Texto de Pere Pons. Revista *Ajoblanco*.
13. Fragmentos de "¡Hay que civilizarlos!". Revista *Muy Especial*.
14. Fragmentos de "Geografía culinaria de Cataluña". Texto de Llorenç Torrado. Revista *Catalonia*.

•Prueba 3 a

1. Extracto de entrevista a Fernando Marías. RNE.
2. Extracto de entrevista a Luis Resines. RNE.
3. Extracto de entrevista a Jorge Palencia. RNE.
4. Extracto de entrevista a José María Mújica. RNE.
5. Extracto del programa Intercultura. RNE.
6. Extracto de entrevista a Luis Miguel Domínguez. RNE.
7. Extracto de entrevista a Jesús Torbado. Antena 3.
8. Extracto de entrevista a Luis Villanueva. RNE.
9. La cabra montés. Sociedad de Estudios Hispánicos Miguel de Cervantes. Texto adaptado de *El País*.
10. Extracto de entrevista a Félix Ares. RNE.
11. Extracto de entrevista a Javier Bocerga. Cadena SER.
12. Extracto de fonocarta de Julio Cortázar a Julio Bada. Julio Bada.
13. Extracto de entrevista a Ernesto Sábato. RNE.

•Prueba 4. Sección 1

1. "La pastilla". Texto incompleto de Juan José Millás. Periódico *El País*.
2. "Silencio en la noche". Texto extractado de Antonio Hurtado. Periódico *El País*.
3. "La soledad era esto". Fragmento de la novela del mismo título de Juan José Millás. Editorial Destino.
4. "Invitar al jefe a casa es una buena oportunidad para mejorar la imagen y promocionarse en la empresa". Adaptado del periódico *El País*
5. "Dejaré de fumar". Adaptado del periódico *El País*.
6. "Fin de semana". Texto de Alberto Anaut. Adaptado del periódico *El País*.
7. "El eterno masculino". Adaptado del periódico *El País*.
8. "Eterno femenino". Fragmento de *El hacha y la rosa*, de Luis Alberto de Cuenca. Editorial Renacimiento.
9. "Llenan siete camiones con el botín de una anciana cleptómana". Adaptado del periódico *ABC*.
10. "Esquilo". Texto extractado de Juan Cueto. Periódico *El País*.
11. "La ilusión de la casualidad". Texto extractado de Camilo José Cela. Periódico *ABC*.
12. "Quince de agosto". Fragmento de *Doce retratos de mujeres*, de Beatriz de Moura. Editorial Alianza.
13. "El descrédito del trabajo". Texto de Raúl Guerra Garrido. Periódico *Diario 16*.
14. "Tehuantepec: el día que mataron al doctor Salud". Adaptado del periódico *La Jornada*. Méjico.
15. "Seducción". Texto extractado de Rosa Montero. Periódico *El País*.

© Edelsa Grupo Didascalia, 1994
© Dolores Gálvez, Natividad Gálvez, Teresa Infante, Isabel López, Amelia Montiel
Dirección y coordinación editorial: Pilar Jiménez Gazapo
Adjunta dirección y coordinación editorial: Ana Calle Fernández
Diseño y maquetación: Luis Miguel García
Fotos: Juan Ramón Brotons (1, 2, 3, 4, 6, 7, 8, 9 y 10) y Luis Javier Carrascosa (5)
Diseño de portada y fotomecánica: Departamento de imagen Edelsa
Impreso en: Gráficas Rogar
ISBN 84-7711-086-7
Depósito legal nº: M-5411-1999

Prólogo

Este libro de ejercicios prácticos ha nacido como resultado del trabajo realizado por una parte del equipo de profesores de la Sociedad de Estudios Hispánicos Miguel de Cervantes, con objeto de suplir la falta de material existente para la preparación del nivel superior del Diploma de Español Lengua Extranjera.

Lo que presentamos aquí es una selección de ejercicios, ya experimentados con un elevado número de alumnos, basados en textos auténticos y que corresponden a las diferentes necesidades comunicativas del estudiante que pretende adquirir este nivel de competencia lingüística.

Su aplicación en el aula nos ha inducido a seleccionar aquellos que, a su dificultad lingüística, unen contenidos que aproximen al alumno a la actualidad socio-cultural del mundo hispanohablante.

Va dirigido, tanto a estudiantes que pretenden alcanzar un nivel de perfeccionamiento del español, como a los que aspiran a obtener el D.E.L.E. Superior, dado que se adapta a los modelos establecidos en los exámenes celebrados hasta el momento.

El libro consta de los siguientes apartados:

A: Comprensión de lectura y expresión escrita.
B: Comprensión auditiva y expresión oral.
C: Gramática y vocabulario.

Esperamos que este trabajo, que es parte y fruto de una experiencia docente de más de diez años en un país -Grecia- con un índice de participación y éxito de los más altos del mundo en los exámenes del D.E.L.E., sea una aportación útil a profesores y estudiantes para la consecución de los fines propuestos.

Las autoras.

Índice

A. Comprensión de lectura y expresión escrita

Prueba 1: Comprensión de lectura

Ejercicio primero: Textos completos
Ejercicio segundo: Textos fragmentados

Prueba 2: Expresión escrita

Parte 1: Carta formal
Parte 2: Redacción

Prueba 1: Comprensión de lectura

Ejercicio Primero: Textos completos

A continuación encontrará diez textos y una serie de preguntas relativas a cada uno de ellos. Hay dos modalidades de preguntas: unas son de seleccionar una respuesta entre tres opciones y otras son de responder verdadero o falso. Marque la respuesta correcta.

TEXTO NÚMERO 1

Beltenebros

Vine a Madrid para matar a un hombre a quien no había visto nunca. Me dijeron su nombre, el auténtico, y también algunos de los nombres falsos que había usado a lo largo de su vida secreta, nombres en general irreales, como de novela, de cualquiera de esas novelas sentimentales que leía para matar el tiempo en aquella especie de helado almacén, una torre de ladrillo próxima a los raíles de la estación de Atocha donde pasó algunos días esperándome, porque yo era el hombre que le dijeron que vendría, y al principio me esperó disciplinadamente, muerto de frío, supongo, y de aburrimiento y tal vez de terror, sospechando con certidumbre creciente que algo se estaba tramando contra él, desvelado en la noche, bajo la única manta que yo encontré luego en la cama, húmeda y áspera, como la que usaría en la celda para envolverse después de los interrogatorios, oyendo hasta medianoche el eco de los altavoces bajo la bóveda de la estación y el estrépito de los expresos que empezaban a llegar a Madrid antes del amanecer.

Era un almacén con las paredes de ladrillo rojo y desnudo y el suelo de madera, y desde lejos parecía una torre abandonada y sola a la orilla de un río, más alta que las últimas tapias de la estación y que los haces de cables tendidos sobre las vías, cúbica y ciega, ennegrecida desde los tiempos de las locomotoras de carbón, con puertas y ventanas como tachadas por maderas en aspas que fueron hincadas a los marcos con una saña definitiva de clausura. Arriba, en el primer piso, había un mostrador antiguo y sólido de tienda de tejidos, y anaqueles vacíos y arbitrarias columnas y un reloj en el que estaba escrito el nombre de una fábrica textil catalana que debió de quebrar hacia principios de siglo, no mucho antes de que las agujas se detuvieran para siempre en una hora del anochecer o del alba, las siete y veinte. La esfera no tenía cristal, y las agujas eran más delgadas que filos de navajas. Cuando las toqué me herí ligeramente el dedo índice, y pensé que él, durante los días y las noches de su encierro, las habría movido de vez en cuando para obtener una ficción del paso rápido del tiempo, o para hacerlo retroceder, ya al final, cuando con un instinto de animal perseguido que desconfía de la quietud y el silencio imaginó que el mensajero a quien estaba esperando no iba a traerle la posibilidad de la huida sino la certidumbre de morir, no heroicamente, según él mismo fue enseñado a desear o a no temer, sino en la condenación y la vergüenza.

Tirados por el suelo había periódicos viejos que sonaban a hojarasca bajo mis pisadas, y colillas de cigarros con filtro y huellas secas de barro, porque la noche en que huyó o fingió huir de la comisaría, me dijeron, había estado lloviendo tan furiosamente que algunas calles se inundaron y se fue la luz eléctrica en el centro de la ciudad. Por eso pudo escapar tan fácilmente, explicó luego, tal vez temiendo ya que alguien recelara, todas las luces se apagaron justo cuando lo sacaban esposado de la comisaría, y corrió a ciegas entre una lluvia tan densa que no podían traspasarla los faros de los automóviles, de modo que los guardias que empezaron a perseguirlo y dispararon casi a ciegas contra su sombra no pudieron encontrar su rastro en la confusa oscuridad de las calles.

El colchón donde había estado durmiendo guardaba todavía un agrio olor a lana húmeda tan intenso como el olor a orines corrompidos que procedía del retrete, oculto tras una rígida cortina de plástico verde al fondo de la habitación. La cabecera del camastro estaba situada al pie del mostrador y no era posible verlo cuando se abría la puerta. A su lado, en el suelo, junto a la lámpara de carburo, vi las novelas amontonadas, algunas sin cubiertas, recosidas con hilo áspero, gastadas por el uso de muchas manos nunca cuidadosas ni limpias, con los bordes de las páginas casi pulverizados, porque eran de esa clase de novelas que se alquilan en los quioscos de las estaciones o en los puestos callejeros. Todas las cosas que había en el almacén, la lámpara de carburo, las novelas, el olor del aire y el de los ladrillos húmedos y el del hule con que estaba pulcramente forrado el interior de los anaqueles, contenían la pesada sugestión de un error en el tiempo, no un anacronismo, sino una irregularidad en su paso, una discordia en la perduración de los objetos, acentuada por la ostensible cortina de plástico verde, por las fechas dispares de los periódicos tirados en el suelo. Uno de ellos era de la semana anterior, otro de hacía varios años, casi del tiempo en que fueron impresas las novelas cuando fueron escritas y firmadas por Rebeca Osorio.

Prueba 1

Ejercicio 1º

También ése era un nombre de novela alquilada y pertenecía indisolublemente a aquel tiempo, no a éste, no al día futuro de mi regreso a Madrid con el propósito de matar a un hombre del que no sabía nada más que la expresión triste de su cara y los nombres sucesivos que había venido usando durante su larga impunidad clandestina. Eusebio San Martín era uno de ellos, Alfredo Sánchez, Andrade, Roldán Andrade, ése había sido su nombre en los últimos años y con él moriría. Para que reconociera su escritura me habían mostrado mensajes firmados por él, órdenes o contraseñas trazadas al azar en el reverso de un billete de Metro, escritas con una extraña sintaxis oficial. Me dijeron que manejaba una astucia de hombre invisible y que sabía disparar tan certeramente como yo mismo y esconderse y desaparecer como una sombra. Una noche, en una borrosa ciudad italiana a donde viajé desde Milán, me enseñaron una fotografía en la que estaba él, corpulento y medio desnudo en una playa del mar Negro, con un amplio bañador muy ceñido a la protuberancia del vientre, abrazando a una mujer y a una niña de aire mustio peinada con tirabuzones, sonriendo sin desconfianza ni alegría hacia la cámara, hacia la mirada y la presencia de alguien que ahora sin duda es su enemigo y aguarda en Praga o en Varsovia la noticia de su ejecución.

Fragmento de *Beltenebros*, novela de A. MUÑOZ MOLINA. (Edit. Seix Barral)

PREGUNTAS

	V	F
1. *El hombre a quien tenía que matar había estado detenido anteriormente.*	☐	☐
2. *El narrador llega al almacén a las siete y veinte de la tarde.*	☐	☐
3. *Los policías dispararon contra la sombra de un ciego que se cruzó en aquel instante.*	☐	☐
4. *El colchón olía mal porque se había orinado en él en un momento de desesperación.*	☐	☐
5. *Los objetos del almacén parecían pertenecer a distintas épocas.*	☐	☐
6. *Eusebio San Martín pertenecía a la misma banda que Andrade.*	☐	☐
7. *Andrade era capaz de esfumarse en el momento preciso.*	☐	☐
8. *La niña sonreía ante la cámara sin desconfianza ni alegría.*	☐	☐
9. *Fue el narrador quien tomó la fotografía de Andrade y su familia.*	☐	☐
10. *Del texto se desprende que el narrador es un asesino por encargo.*	☐	☐

Diploma superior de E.L.E.

7

Prueba 1

Ejercicio 1º

TEXTO NÚMERO 2

EL RESURGIR DE LOS TIMADORES
Cuidado con la codicia...

**Los 55 timos denunciados el pasado año supusieron algo más de 20 millones.
Los timadores casi nunca viven en la zona en la que trabajan.**

Después de su casi desaparición en los años de bonanza económica de finales de los 80, el arte del timo ha resurgido con la crisis de los 90. El pasado año se denunciaron en España 150, una cantidad ocho veces superior a la del 91.

De ellos 55 tuvieron lugar en Castilla y León. Una de cada tres estafas ocurre en cualquier calle, estación de tren o mercado de alguna capital de la región. Apenas cumplido el ecuador del 93, ese resurgimiento parece confirmado con casi 25 denuncias.

Bastantes razones justifican la permanente presencia en Castilla y León de estos "catedráticos" del timo. Son conscientes de que actúan en una región con un amplio censo de población rural, cada vez más envejecida y con un irrecuperable nivel cultural bajo mínimos. "Las potenciales víctimas son inmunes a las campañas que realizamos de forma cíclica, porque se trata de ciudadanos para quienes la desinformación es una característica de vida", apunta un portavoz del departamento de Delincuencia Económica de la Brigada de Policía Judicial.

MENOS VARIANTES

Aunque ni el timo ni sus modalidades se reciclan, sí se han reducido sus variantes. Lejos quedan las 500 fórmulas censadas por la Policía Judicial en otros tiempos y que ahora se han quedado básicamente en tres: "estampita", "tocomocho" y "nazareno", esta última a medio camino con la estafa de más altos vuelos.

Tampoco se ha modificado el origen de las familias de timadores, que casi nunca proceden de la zona en la que realizan su acción. Aplicando la táctica de la "abeja", lanzan su aguijón y cuando hacen diana toman "las de Villadiego" y desaparecen una buena temporada. Fieles a todo tipo de tradiciones, y en especial a los refranes, los timadores se aplican aquel que dice que "donde comas, no robes". Por eso la mayoría de los detenidos en Castilla y León en el 92 procedían de Castilla-La Mancha, Andalucía o Valencia.

La escasa cuantía global y su nula peligrosidad social han hecho que ninguna unidad de la Policía se dedique específicamente a su persecución. Los 55 timos denunciados el pasado año en Castilla y León supusieron una cantidad denunciada que apenas superó los 20 millones de pesetas.

ZONAS URBANAS

La capital vallisoletana encabezó el "ranking" nacional y regional del año en ejercicio con 20 delitos denunciados. La demostración de la "urbanidad" de estos hechos lo prueba la disminución geométrica en función del tamaño de la ciudades. Así, León y Salamanca -8 timos-, Burgos -6-, Zamora y Palencia -4-, Ávila y Soria -2- y Segovia -1- se repartieron las denuncias presentadas.

Durante los primeros seis meses de este año esta evolución apenas ha cambiado, Valladolid sigue siendo el principal campo de actuación -7 timos registrados-, aunque destaca la irrupción de Zamora -5 actuaciones-, y la caída de León con un solo timo reconocido.

Tampoco han cambiado en los últimos tiempos las variantes, reducidas en la práctica a dos: la "estampita" -cerca del 56 por ciento de los casos- y el "tocomocho" -44 por ciento-. De forma residual, en alguna ocasión se denuncian otros engaños mediante fórmulas como "el pariente" o "la limosna".

Tal vez motivado por los tiempos que corren en los que ahorrar parece más difícil, una de las principales novedades registradas en las estadísticas del timo que realiza la Policía es el descenso en los botines obtenidos en cada delito.

Lejos quedan actuaciones que los expertos no dudan en calificar de "memorables" en las que se lograban hasta cinco "kilos" y permitían al timador retirarse por una temporada lejos de los ficheros policiales. Una de las explicaciones del aumento de estos hechos es que el botín medio -64 por ciento de los casos- oscila entre las 100.000 y el medio millón de pesetas, lo que obliga a las familias a "multiplicarse" para obtener rentabilidad. En 1.992 sólo en cuatro casos se superó en España el umbral del millón de pesetas.

TIBIEZA EN LAS PENAS

Además de ser una especie que ha remontado el peligro de extinción en el mundo de la delincuencia, la modesta familia del timo parece inmune a los endurecimientos legislativos en materia de penas. Por debajo de 30.000 pesetas -casi nadie monta su tramoya por esta cantidad- el Código Penal lo considera una simple "falta". Por encima, está castigado con prisión menor -tope de seis meses- además de una multa.

Esta tibia catalogación punitiva parece dar la razón a los que ven en las penas una prueba del halo de comprensión generalizada que recibe esta clase de delitos blandos. Uno de los últimos residuos del "España es diferente" en la Europa de la competitividad y la armonización, incluida la penal.

"En el resto de la C.E.*, las penas pueden llevar al delincuente a cumplir una condena de varios años y una multa superior en unas veces a lo timado. El día en que en España se arriesguen a lo mismo se acabará el timo de forma radical", destacan.

ESCASOS ESCLARECIMIENTOS

El bajo índice de resoluciones es un argumento de peso más en favor de la supervivencia. En los últimos años sólo se han esclarecido el 30 por ciento de los casos denunciados -

8

Diplomma superior de E.L.E.

la vergüenza hace que otros ni se hagan públicos.

El denunciante no colabora, ya que se debate entre la sensación de ridículo, la certeza de que va a ser tratado con cierta sorna y la seguridad de que actuó movido por la codicia y las ganas de aprovecharse del "tonto". Salvo casos excepcionales, la revisión de los archivos fotográficos policiales no aporta nada a la investigación.

Asumidas las dificultades de luchar contra el afán de lucro fácil de los castellano-leoneses, una de las pocas fórmulas que se ha revelado efectiva contra el timo es la colaboración entre entidades crediticias y las fuerzas del orden.

Cada vez que una persona mayor se presenta en su oficina bancaria para retirar todos sus ahorros, los funcionarios se interesan por el motivo de la decisión. Esto ha permitido abortar algunas actuaciones, aunque en la mayoría de los casos la banda de estafadores ha logrado escapar.

La facilidad para organizar la huida, parece garantizar larga vida a esta "cátedra" condenada a no ser reconocida nunca oficialmente por el Ministerio de Educación.

Texto de ANTONIO CORBILLON / ICAL.
(Adaptado del *Diario de Burgos*)

PREGUNTAS

1. El timo:
   a) *se ha convertido en un arte durante los noventa.*
   b) *se redujo gracias a la prosperidad económica de la década de los ochenta y a las campañas informativas.*
   c) *es un delito fundamentalmente urbano si tenemos en cuenta las cifras.*

2. En cuanto a la actuación policial:
   a) *como la mayoría de los timados no denuncia los timos, la Policía no concede importancia a este tipo de delitos.*
   b) *ningún grupo policial se ocupa exclusivamente de esta clase de delitos por considerarlos poco graves.*
   c) *en contadas ocasiones la colaboración entre la Policía y las entidades bancarias se ha revelado efectiva.*

3. Según el articulista:
   a) *la adaptación del sistema bancario y legal a las reglas de la C. E.* constituirá una solución al delito de los timos.*
   b) *la disminución de la capacidad ahorrativa actual ha motivado una proliferación de los timos.*
   c) *los timados no colaboran con los funcionarios de las entidades bancarias y de la policía por temor a caer en ridículo.*

4. Por lo que se refiere al aspecto penal:
   a) *muy pocos incurren en actos delictivos por botines inferiores a 30.000 pts.*
   b) *el peso de la ley parece no afectar a estos pequeños estafadores.*
   c) *en el resto de la C. E.* han conseguido acabar con el timo gracias a la rigurosidad de sus penas.*

* La C.E. ha pasado a denominarse U.E. (Unión Europea) desde enero de 1.994.

Prueba 1

Ejercicio 1º

TEXTO NÚMERO 3

La fuerza del destino

La irrupción de Callas coincidió con un momento de auge de la industria discográfica: el nacimiento del *elepé*. Con esta nueva arma en la mano, su éxito era inevitable, como lo era el que la compararan con otra soprano, excelente pero muy distinta, Renata Tebaldi, de quien la historia la convirtió en rival. Nunca sabremos lo que hubo de cierto en ello, ni falta que hace, porque los mitos no necesitan de la verdad, sino de la leyenda. El público se dividió en dos bandos, pro Callas y pro Tebaldi, y hubo agrias polémicas alentadas no sólo por la prensa sensacionalista, sino hasta por la especializada, que, pese a sus aires de grandeza, suele ser también muy *cotilla*. En cualquier caso, como dice Terenci Moix, ¿quién se acuerda hoy en día de Renata Tebaldi?

Sin embargo, fue sustituyendo a esta soprano como María debutó en La Scala de Milán, coliseo con el que nunca acabó de tener buenas relaciones y con el que incluso llegó a la ruptura. Callas hizo *Aida* ocupando durante dos representaciones el lugar de su rival, y su actuación pasó sin pena ni gloria, aunque durante los años cincuenta, ya incorporada a la compañía, protagonizaría veladas memorables. Para entonces ya había entrado en su vida otro hombre fundamental, Luchino Visconti, que a lo largo de 10 años la dirigió en *La vestale*, *La sonnambula*, *La traviata*, *Anna Bolena* e *Ifigenia en Táuride*. Visconti quedó fascinado por la enorme actriz que había en ella. Otro tanto le ocurrió a Zeffirelli, que la dirigió en cinco producciones, entre ellas, la famosa *Tosca* del Covent Garden, en 1964, con una Callas ya en el declive.

Junto con su fama, empezó a crecer su leyenda de *intratable*. De hecho, María Callas poseía un fuerte temperamento, pero todos sus directores coinciden en que era disciplinada y obediente; sus arrebatos se debían más a su afán de perfeccionismo que a la soberbia. En cualquier caso, no tuvo buena suerte con la Prensa, que siempre *estaba allí* cuando le daba un repente. Así ocurrió cuando su viejo amigo Eddie Bagarozy apareció en Chicago para recordarle su compromiso contractual y exigirle el 10% de todas sus ganancias, y la foto de María hecha un basilisco y vestida de Madame Butterfly dio la vuelta al mundo, abonando la tesis de su mal carácter.

No faltaron otros incidentes, desde sus supuestas declaraciones sobre la Tebaldi hasta alguna incomparecencia, justificada por su agotamiento, pero muy mal llevada de cara a la galería. Uno de estos escándalos se produjo cuando, a los pocos días de faltar a la última representacion de *La sonámbula* en el Festival de Edimburgo -un favor personal que le hacía a La Scala y para el que no había firmado contrato- aduciendo cansancio, cometió la torpeza de asistir en Venecia a una fiesta dada por su amiga la *comadre* de Hollywood Elsa Maxwell. La opinión pública fue implacable con María.

Esto ocurrió en 1.957. La Maxwell había hecho su aparición en el horizonte de la Callas varios años antes, y su influencia, como más tarde la de Onassis, había de ser nefasta para su carrera, pues ambos alentaron el aspecto más superficial de la cantante, sus ansias de pertenecer al *jet-set*, que en aquel tiempo se llamaba *café-society*. Maxwell, en principio, era una fanática de Tebaldi que se dedicaba a insultar literalmente a la Callas desde sus famosas columnas. María decidió conquistarla, y cuentan que estuvo francamente pelota cuando consiguió que se la presentaran: "La considero a usted una mujer honesta que ama decir la verdad". Lo curioso es que lo logró. Elsa Maxwell, cuya afición a las damas era sobradamente conocida, se enamoró de la Callas con la tenacidad de *bulldog* que la caracterizaba, hasta el punto de que la soprano tuvo que pedir a sus amistades que no la dejaran nunca a solas con la cronista. Sin embargo, encantada con haber suplantado a la Tebaldi, María se metió en un mundo en el que la adulación y la hipocresía eran aún mayores que en el ambiente operístico.

Fue en esa fiesta veneciana, ofrecida por Elsa Maxwell en honor de una diva destrozada por el trabajo inhumano de los últimos 10 años y la severa dieta de adelgazamiento, en donde María Callas conoció a Aristóteles Onassis. Parece que el *party* duró siete días y que, entre los muchos escenarios en que se desarrolló -el Harry's Bar, el Florian- estaba el yate *Cristina*, anclado en el Gran Canal. *Ari* lo puso a disposición de la Callas y empezó a hacerle la corte.

Onassis era entonces un hombre en la plenitud de su vida y de su poder. Casado con Tina Livanos, retoño de otro acaudalado armador y padre de dos hijos, Alejandro y Christina, el griego de oro contemplaba el mundo desde la altura de su poderío marítimo. Faltaba mucho para que la crisis petrolífera acabara con su imperio, para que los hados adversos estrellaran el avión en el que viajaba su único hijo varón y para que el mismo Onassis muriera, dejando tras de sí a una única heredera que pasea su patética orfandad de una clínica de adelgazamiento a otra. En aquel momento, Onassis podía elegir.

Diploma superior de E.L.E.

E inició un idilio tumultuoso y extraconyugal -por los dos lados-, que convirtió a María Callas en la cantante de ópera más popular del momento. Lamentablemente, la mayoría de las noticias relacionadas con ella aparecían en la *prensa del corazón*.

Más delgada que nunca, enamorada por primera vez, amada de verdad y no con decrépito interés, cual era el caso de su esposo, María Callas descubrió los goces de la vida y, posiblemente, del sexo. Quienes conocieron íntimamente a la pareja dicen que se quisieron de verdad.

Pero así como Onassis representaba para la diva una especie de culminación -amor, posición social, dinero, notoriedad-, él aspiraba a más. Ya divorciado de Tina, con quien se casó fue con Jacqueline Beauvoir Kennedy, viuda de un presidente de Estados Unidos.

Lo peor de la historia es que Onassis fue la puntilla que Callas necesitaba para acabar de descuidar su carrera. Era feliz. En ella, como en Medea -como bien sabía Pasolini cuando, años más tarde, le propuso hacer la película-, convivían dos mujeres opuestas: la mujer indepen-

diente, moderna, responsable, y la que deseaba un hombre a quien doblegarse y seguir. Se equivocó de hombre y eso fue su ruina. Las plateas empezaron a llenarse con lo más granado de la alta sociedad del momento, pero a ninguna de esas personas le interesaba la cantante, sólo el fetiche; y el propio Onassis, una vez la había incluido en su colección, no la alentaba en lo más mínimo a dedicarse al canto. [...]

Texto de MARUJA TORRES.
(Adaptado de *El País*)

PREGUNTAS

1. Con el nacimiento del elepé, María Callas:
    a) tuvo un gran éxito y le fue permitido tener armas.
    b) aseguraba su fama y la comparación con Renata Tebaldi se hacía inevitable.
    c) era un mito que no necesitaba de la verdad, por lo que nunca sabremos si la industria del elepé fue lo que le dio tanto éxito.

2. María Callas tenía fama de intratable:
    a) y cuando le daba un arrebato la Prensa estaba allí de repente.
    b) pero era una persona de gran disciplina y sus repentes se debían más a un deseo de perfección.
    c) y la tesis de su mal carácter le impidió dar la vuelta al mundo.

3. La cronista Elsa Maxwell:
    a) cuya característica era la tenacidad, fue conquistada por María Callas.
    b) la hizo entrar en un mundo tan hipócrita y superficial como el de la ópera.
    c) desde sus columnas, ensalzaba directamente a la soprano hasta que la conoció.

4. El idilio con Aristóteles Onassis:
    a) fue muy discutido y llevó a María Callas a tener problemas de corazón.
    b) al principio la hizo muy feliz y fue la razón de que se ocupara muy poco de su profesión.
    c) fue una equivocación que la llevó a perder su fortuna.

5. En María Callas convivían dos mujeres:
    a) la mujer independiente y la emancipada.
    b) la mujer autónoma y la dependiente.
    c) la mujer moderna y la que desea doblegar a un hombre.

Prueba 1

Ejercicio 1º

TEXTO NÚMERO 4

La agonía parte de Mataró* y dura 42.195 metros

"Alegraos, hemos vencido". Fueron las últimas palabras que se atribuyen a un tal Filípides, el guerrero griego que, en septiembre del año 490 antes de Cristo, corrió desde Maratón a Atenas para anunciar la victoria de las tropas helenas sobre los primeros invasores persas. Filípides, que cubrió el recorrido sin deshacerse de sus armas, murió extenuado después de comunicar la buena nueva. ¿Qué distancia cubrió el soldado, cuya gesta ha dado pie a la prueba más mitificada de los Juegos Olímpicos? De Maratón a Atenas hay poco más de 27 kilómetros. Una cordillera se interpone entre ambas localidades, y los organizadores de los primeros JJ OO de la era moderna -Grecia, 1896- acordaron que si la hazaña de Filípides era cierta, debió escoger el camino más largo, porque rodeaba la zona montañosa, pero también más cómodo. Y esa distancia midió 42 kilómetros.

Nacía así la prueba de maratón, incorporada a los Juegos modernos como un homenaje al sacrificado espíritu de libertad de los antiguos griegos. Y la carrera resultó un éxito porque ningún participante murió del esfuerzo. El griego Spiridon Luis, el vencedor, estableció en esa maratón la mayor ventaja que se conoce de las 21 celebradas: 7.13 minutos. La dureza del recorrido hizo posible tan gran diferencia. Porque por suave que fuera el trayecto en comparación al que iba en línea recta, había que superar un alto a mitad de camino y luego ascender a las colinas de Atenas.

El pastor medallista

Dicen las crónicas de entonces que Spiridon, pastor de profesión que no guerrero, fue aclamado cual héroe. Aunque no lo suficiente como para que una rica dama estadounidense contrajese matrimonio con el ganador de la carrera, en contra de lo que había prometido antes de conocer el origen humilde del sucesor de Filípides. Pese a la señora, la leyenda del maratón era ya imparable. Poco importaba que Filípides fuese probablemente fruto de la imaginación literaria o que su parco mensaje -"Alegraos, hemos vencido"- hubiera sido en realidad una desesperada petición de ayuda. Porque esta última es la versión, más fiable, dejada por Herodoto.

Cuenta el historiador que vivió en la época de las Guerras Médicas que cuando los atenienses comprendieron que la batalla de Maratón con los persas era inminente, enviaron a un corredor profesional de larga distancia -una especie de servicio de correo urgente, pero a pie- para que reclamara ayuda de Esparta. Aun cuando el individuo sobrevivió a un recorrido de 218 kilómetros en dos días, su esfuerzo resultó baldío en términos militares: los espartanos no acudieron, pues sus ritos les impedían partir hasta que hubiera luna llena. Historiadores posteriores como Plinio se hacen eco de esta versión, aunque no así Plutarco y Luciano, que avalan la leyenda del guerrero andarín que cayó fulminado tras lanzar su parco mensaje.

Pese a tanta leyenda, los antiguos griegos nunca corrieron el maratón en sus Juegos ni tenían una prueba similar. Contaban con carreras de velocidad sobre una distancia de 200 metros (la medida tipo del estadio) o 400 metros; con otra prueba que cubría entre siete y 24 estadios (1.400-4.800 metros), y con el *hoplitodromos* (del griego *hoplon*, arma), que se disputaba con casco, escudo y grebas de bronce, sobre 400, 800 ó 3.000 metros.

Para lo que nos ocupa poco importa, con todo, lo que en realidad sucediera hace 2.482 años en la llanura de Maratón. El deporte y, con él, el olimpismo se alimentan de los mitos, referencias en ocasiones más saludables que las de algunos historiadores interesados capaces de tergiversar el pasado más reciente. La única realidad tangible es que han pasado 96 años desde que se corrió el primer maratón de los Juegos modernos y que las 12 pruebas que integraban aquel programa de atletismo en Atenas (100, 400, 800, 1.500, 110 vallas, altura, pértiga, longitud, triple salto, peso, disco y maratón) se han convertido en 41.

Y la única evidencia es que mientras otras prácticas deportivas pugnan por incorporarse o por no descolgarse de la oferta olímpica, la personalidad de la maratón siempre ha sido respetada y jamás ha cedido a otra el honor de ser la que cierra los Juegos. Sólo se permitieron leves modificaciones ante la complicación de que la distancia fuera siempre la misma. Si el camino elegido en 1896 entre Maratón y Atenas era de 42 kilómetros, en los siguientes Juegos podía cuadrar mejor la organización de la prueba si la carrera se dejaba en 40. Tal había sido la elasticidad de la distancia, que en Londres (1908) se le añadieron 195 metros a los 42 kilómetros. Motivo: que la familia real británica diera la salida desde el balcón de palacio para no mojarse aquel día lluvioso. El ya existente COI decidió que la distancia sería, a partir de entonces, siempre la misma.

Pero la exactitud de la distancia, como tantos otros aspectos del maratón, sólo es un detalle más en la magia de una prueba que bordea el límite de la resistencia humana. A Filípides nadie le midió ni la longitud de su improvisado circuito ni el tiempo que invirtió en recorrerlo. 25 siglos después, las marcas olímpicas que logran los atletas cada cuatro años tampoco son comparables entre sí: no sólo dependen de la dedicación y capacidad de sacrificio de los participantes, sino de la orografía del circuito elegido, de la altitud o de la temperatura. [...]

**Texto de JUAN MORA/
JACINTO ANTÓN.
(Adaptado de *El País*)**

12

Diploma superior de E.L.E.

Prueba 1

PREGUNTAS

	V	F

1. Filípides hizo un recorrido de 42 kilómetros cargando sus armas.

2. En la maratón de 1896 la dificultad del recorrido fue la causa de que el griego Spiridon Luis obtuviera una ventaja hasta hoy no alcanzada.

3. Para que la rica dama estadounidense contrajese matrimonio con el pastor Spiridon, éste debería haber sido más aplaudido.

4. Según Herodoto, Filípides hizo el recorrido a Esparta para pedir ayuda contra los persas.

5. Plutarco y Luciano no están de acuerdo en que el guerrero hubiera dado un mensaje tan parco.

6. Las carreras que tenían los antiguos griegos cubrían distancias cuya medida tipo era el estadio.

7. Aunque en la prueba de la maratón se ha permitido alguna vez que la distancia no fuera siempre la misma, nunca se ha puesto en duda su prestigio y entidad.

8. El que los corredores tengan espíritu de sacrificio es obligatorio para participar en la prueba.

* El artículo original es más extenso y en él se hace referencia a la ciudad española de Mataró.

TEXTO NÚMERO 5

El Gobierno mantendrá la eñe en los ordenadores por razones de «carácter cultural»

Un decreto de Cultura y Sanidad y Consumo pretende contentar las exigencias de la CE*

Federico Ibáñez, director general del Libro del Ministerio de Cultura, fue uno de los primeros en alertar hace casi dos años sobre "el daño que podía causar a la lengua española la aplicación estricta de las peticiones de la CE*", recuerda. La Comisión de la Comunidad Europea (CE)* volvía entonces, tal y como lo estaba haciendo desde 1.989 y continúa haciéndolo aún hoy, a exigir al Ministerio de Industria la derogación de tres reales decretos (1.250, 1.251 y 2.297) de 1.985 sobre normas de seguridad de los equipos informáticos, en los que se incluía la obligatoriedad de que éstos tuvieran la letra eñe.

La CE* alegaba que los artículos del 30 al 36 del Tratado de Roma garantizaban que un producto legalmente fabricado en un país comunitario podía ser comercializado en el resto y, además, decían que no se podía utilizar una norma industrial para frenar la importación de un producto basándose en criterios culturales.

Tras la polémica, surgida en mayo de 1.991, fecha en que el tema salió a la luz, las posturas entre los diferentes ministerios españoles se han ido acercando y, tras la aprobación del Tratado de Maastricht, el Gobierno español va a alegar precisamente criterios culturales para defender la letra eñe en los teclados de los ordenadores. "No tememos que la CE* se oponga al nuevo decreto, porque en Maastricht existe un espacio para la defensa de la cultura, y resulta obvio que la letra eñe forma parte del patrimonio cultural de todos los hispanohablantes", afirma Federico Ibáñez.

De momento, los tres decretos impugnados por la CE* todavía siguen vigentes. "El mismo día que el BOE publique el nuevo decreto se anularán los anteriores", explica Ibáñez. "El nuevo texto tiene un artículo único, en el que se consagra la obligatoriedad de la letra eñe en los teclados".

Aviso al consumidor

Respecto a cómo se va a garantizar entonces la libertad de mercancías que exige la CE*, la *fórmula* legal va a consistir en lo siguiente, según explica Ibáñez: "El texto consagra la obligatoriedad de la eñe en los teclados, pero, como no podemos negar a un ciudadano europeo que viva en España su derecho a comprar otro tipo de teclado, exigiremos que en el caso de que los teclados no sean de la lengua castellana figure un aviso al consumidor.

Obviamente, los consumidores españoles no comprarían un teclado sin eñe pudiendo exigir uno con ella".

Además, precisamente porque el breve texto legal no lo explicita, la referencia a la exigencia de la letra eñe solamente en "el momento de su venta final al consumidor" hace prever que la normativa no afectará a la venta de redes informáticas a las empresas, ya que estas operaciones no se efectúan como venta directa al consumidor.

En cuanto a la existencia de teclados sin eñe a la venta en España, que ya está sucediendo ahora mismo, Ibáñez dice: "No hay nada que temer. Los teclados están y estarán en las tiendas, porque, si no, se aplicarán las sanciones previstas en las leyes de protección al consumidor para que, si no se advierte en aquellos teclados diferentes su no adecuación a las normas de la lengua española, se pueda pedir la retirada de la mercancía".

El anteproyecto de real decreto se encuentra en la actualidad en manos del Consejo de Estado, que ha pedido informes al Ministerio de Industria y a la Real Academia Española. Ambos han respondido favorablemente a la exigencia de la letra eñe en los teclados. Álvaro Espina, secretario de Estado de Industria, explica: "El último requerimiento que nos envió la comisión de la CE* fue el pasado mes de septiembre, pero les hemos dicho que esperen al nuevo texto. Nosotros estamos de acuerdo en defender la eñe, y le propusimos al Gobierno que se acogiera al artículo 128 del Tratado de Maastricht para defenderla".

¿Por qué el retraso de casi dos años en tomar una decisión? "El retraso está provocado porque son muchas las normas que exige homologar la CE* y ha habido otras prioridades. Pero el impulso de defender la eñe salió de nosotros y de ahí ha pasado a Sanidad y Consumo y a Cultura, que es finalmente el que lo ha tramitado".

Respecto a si existe temor de que la Comunidad Europea* pueda impugnar la nueva legislación, el secretario de Estado de Industria afirma: "Eso de que no se pueden poner trabas a la libre circulación de mercancías es una estupidez, porque, por ejemplo, ¿no hay que poner limitaciones al tráfico de armas? Pues mucho más en este caso, ya que estamos hablando de la *circulación cultural* de determinadas mercancías".

Salvadores de la letra

La opinión parece ser unánime respecto a que el nuevo texto legal "arreglará definitivamente los problemas de la CE* con la eñe". También parece ser unánime que ahora, no como cuando saltó la polémica hace casi dos años, todos quieren aparecer como *salvadores de la eñe*. En el Ministerio de Asuntos Exteriores, en fuentes de la secretaría de Estado para las Comunidades Europeas, afirman: "Estamos al tanto del nuevo texto legal preparado por Cultura y Sanidad y Consumo, y creemos que la CE* no podrá impugnarlo".

La opinión de los políticos y técnicos no coincide en este caso con la de los fabricantes. El presidente de la Asociación Española de Empresas Informáticas (SEDISI), Ignacio Orduña, manifiesta: "No conozco el nuevo texto legal, porque nadie nos ha consultado, pero, si mantiene la obligatoriedad de la eñe en los teclados, estoy seguro de que se lo cargan en Bruselas. Lo que manda es el mercado, o sea el consumidor, y ¡ay de aquel que venda los teclados sin eñe si el consumidor los pide con eñe! Pero todo lo demás es poner puertas al campo. No hacen falta nuevas normas y, además, todo lo que sea proteccionismo va a ser inaplicable en la práctica diaria del mercado único". […]

Texto de DIEGO MUÑOZ. (Adaptado de *El País*)

PREGUNTAS

1. En relación al problema suscitado por la letra eñe:
   a) *el Ministerio de Industria se ha visto obligado a derogar una serie de reales decretos, al exigir que los equipos informáticos contengan la letra eñe.*
   b) *la Comisión de la C.E.* no acepta que sean los reales decretos del Ministerio de Industria los que exijan la obligatoriedad de que los equipos informáticos contengan la letra eñe.*
   c) *la Comisión de la C.E.* exige que una serie de reales decretos dejen de estar en vigor, pues no se puede obligar a los equipos informáticos a contener la letra eñe.*

2. Según declara Ibáñez:
   a) *se exigirá que en los teclados que no sean de lengua castellana se haga constar la ausencia de la letra eñe para información del consumidor.*
   b) *los consumidores españoles se verán obligados a comprar un teclado que contenga la letra eñe, para así diferenciarse de los europeos.*
   c) *el ciudadano europeo que viva en España puede comprar cualquier tipo de teclado con la única obligación de que en ellos figure un aviso al consumidor.*

3. El retraso en tomar una decisión se ha producido porque:
   a) *homologar tantas normas ha exigido otras prioridades.*
   b) *las otras prioridades de la C.E.* han impedido que se respetasen las normas impuestas por ella.*
   c) *el problema de la eñe ha pasado de Sanidad y Consumo a Cultura para que se tramitase en este último organismo.*

4. Para el presidente de la SEDISI:
   a) *la obligatoriedad de la eñe en los teclados no será aceptada en Bruselas debido a que quien realmente manda es el mercado.*
   b) *al final, lo que realmente se impone es el mercado y si éste pide teclado con eñe tendrá que adaptarse a la demanda.*
   c) *entre políticos y fabricantes las opiniones son encontradas aunque en Bruselas tomarán posición por los primeros, por representar los intereses del consumidor.*

* La C.E. ha pasado a denominarse U.E. (Unión Europea) desde enero de 1.994.

TEXTO NÚMERO 6

LAS OSCURAS RAÍCES DEL FLAMENCO

Las primeras referencias literarias al término "flamenco" no aparecen hasta finales del siglo XVIII. Aun sin remitir expresamente a los cantes y bailes que ahora nos ocupan, esas citas ya presuponen al menos alguna directa vinculación con el turbio ambiente en que aquellos se gestaron. Por lo que hemos podido rastrear en este sentido, el más antiguo uso del vocablo se debe a Juan Ignacio González del Castillo, quien en su sainete *El soldado fanfarrón* (escrito hacia 1.785) lo emplea como sinónimo de "cuchillo" y, sobre todo, de "gresca" o reunión festiva con cantos y bailes.

Sin embargo, la voz "flamenco" figura aplicada por primera vez a los gitanos en *Los zíncali*, del viajero inglés George Borrow, que anduvo por España en los románticos años de 1.830. Borrow comenta que en nuestro país se solía llamar a los gitanos, desde bastante antes de su visita, "germanos o flamencos". No cabe duda que esta doble denominación enlaza de hecho -como luego se verá- con las relaciones de los gitanos con el hampa. Por lo pronto, "germano" se refiere aquí al individuo perteneciente a las germanías o hermandades de gentes de mal vivir. De todos modos, y a pesar de esas atribuciones, el término "flamenco" no se emplea para designar a los cantes fundamentalmente recreados por los gitanos hasta bastantes años después. Estébanez Calderón, por ejemplo, que nos suministra en sus muy aireadas *Escenas andaluzas* (1847) las primeras noticias aceptables sobre el clima expresivo del flamenco, jamás utilizó dicho nombre para bautizarlo.

Las opiniones en torno a la etimología de la voz "flamenco" son muy varias y, a veces, de lo más peregrinas. La misma indecisión que surge al pretender remontar las fuentes del cante, subsiste a la hora de documentar el verdadero origen de su nombre. ¿A qué responde, en realidad, y de dónde proviene ese apelativo tan aparentemente arbitrario y contradictorio? Quizá valga la pena revisar las soluciones dadas a este respecto para elegir la menos inconsecuente.

Hay quien ha querido hacer derivar la palabra "flamenco" de la expresión árabe *felag mengu* (algo así como "campesino huido"), siguiendo la teoría -sólo muy parcialmente aplicable a ciertas posteriores mezclas de razas- de que los gitanos andaluces descendían de los moriscos expulsados de España a principios del XVII. Otros piensan que se denominó así a dichos gitanos por el hecho, palmariamente erróneo, de que habían llegado a la Península procedentes de Flandes. Tampoco faltan quienes aseguran que se dio el nombre de "flamencos" a los cantos sinagogales de los judíos españoles emigrados a los Países Bajos y que el posterior apelativo de "jondo" no proviene de "hondo" -que es lo más sensato- , sino que deriva del hebreo *jom tod*, cuya equivalencia castellana podría ser "día de fiesta". También se ha argumentado que el empleo de la voz "flamenco" tuvo su origen en una habitual tendencia andaluza a calificar humorísticamente a determinadas personas o cosas por sus más contrapuestos adjetivos. La jocosa metáfora vendría propiciada en este caso por la oposición entre lo rubio o flamenco -natural de Flandes- y lo moreno o gitano. Y no se olvide, por último, a los que defienden que el calificativo se basa -que ya es afinar- en una simbólica correspondencia con el aspecto altanero del ave del mismo nombre.

Todas estas conjeturas etimológicas vienen a resultar, en principio, tan rebuscadas como históricamente insostenibles. La opinión más coherente en este sentido -y la que ofrece más garantías de verosimilitud- es la que sustenta que "flamenco" es una palabra jergal de la germanía, derivada de *flamancia* (flama = llama), que se usaba como sinónimo de fogosidad o presunción y que solía aplicarse a los gitanos de acuerdo con esos supuestos rasgos de su temperamento. Resulta evidente, en cualquier caso, que los gitanos españoles se llamaron -y se siguen llamando- flamencos, y que el uso común generalizó también el significado del término como equivalente de "valentón", "pendenciero".

Es cosa sabida, por otra parte, que los gitanos tienden con singular frecuencia a inventar palabras que, independientemente del concreto lenguaje caló, puedan servirles para comunicarse entre ellos sin que los demás los entiendan. Es muy probable, pues, que el vocablo "flamenco" no sea más que una directa consecuencia de esa costumbre tomada del hampa, en cuyas fluctuantes sociedades se integrarían -por no pocos motivos- muy abundantes grupos de gitanos. Tiempo después, y por un simple contagio nominal, se empezó a llamar a los cantes y bailes gitanos con el sobrenombre de quienes más notablemente los pusieron en circulación.

> Aunque sólo sea como apresurado recordatorio, interesa precisar que la vaga designación de "flamenco" se usó siempre -cuando empieza a difundirse en el primer tercio del XIX- en relación con algún pueblo perseguido y errabundo, especialmente con gitanos y moriscos. Nunca fue empleada, a no ser impropiamente, para referirse a ninguna concreta parcela musical de la tradición autóctona andaluza. A estos efectos, convendrá insistir más adelante en la presumible fusión racial de moriscos y gitanos, cuyo comportamiento sería decisivo dentro de ese cruce de culturas -de esa transculturación- que iba a ir paulatinamente conformando el remoto embrión del flamenco.
>
> **Fragmento de *Las oscuras raíces del flamenco*, de J. M. CABALLERO BONALD.**
> **(Publicado por la Confederación Española de Cajas de Ahorros)**

PREGUNTAS

1. El término flamenco:
   a) según George Borrow no se atribuye a los gitanos hasta bastantes años después de 1.830.
   b) según una de las teorías más peregrinas, refleja las relaciones entre los gitanos y la gente de bajos fondos.
   c) a mediados del siglo XIX no aludía al género musical recreado por los gitanos.

2. En cuanto a la etimología de la voz "flamenco":
   a) la teoría más aceptable es la que tiene una base histórica.
   b) hay una teoría que pretende una supuesta mezcla racial entre gitanos y judíos.
   c) una de las teorías más afinadas es la que asocia el físico del hombre flamenco con el ave homónima.

3. El pueblo gitano:
   a) no recibió influencia cultural morisca hasta el primer tercio del XIX.
   b) en algunos casos se incorporó a las germanías adoptando procedimientos expresivos propios de las mismas.
   c) puso en circulación sus cantes y bailes bajo la denominación de "flamenco".

4. En relación con el flamenco como género musical:
   a) la tradición andaluza constituye una fuente primordial en su gestación.
   b) es un producto natural de la cultura gitana.
   c) surge de una encrucijada de culturas de marco confuso.

Prueba 1

Ejercicio 1º

TEXTO NÚMERO 7

El increíble número de comprarse un piso

El independizarse del hogar familiar plantea un problema cada vez más difícil de resolver: comprar un piso o alquilarlo, dos posibles opciones que tienen sus ventajas e inconvenientes.

Si nos decidimos por el alquiler, algo que en principio resulta mucho más accesible económicamente, nos encontramos con la ventaja de que el inquilino no tiene por qué hacerse cargo del mantenimiento ni de los gastos de reparación de la casa, que corren por cuenta del propietario de la vivienda. Por otro lado, al ser una posibilidad que no conlleva el atarse a una inversión, se disfruta de mayor movilidad y resulta fácil cambiarse a un piso mayor o que nos depare más ventajas. Pero el gran inconveniente radica en la nueva Ley de Arrendamientos Urbanos, pues el propietario de la vivienda puede subir cada año el precio del alquiler a su antojo o incluso negarse a una renovación del contrato.

Pero también tenemos la segunda opción: la compra del piso, una inversión con un alto rendimiento, pues, a juicio de los expertos, dadas las grandes perspectivas actuales de revalorización de los inmuebles, el valor de los pisos en las grandes ciudades se habrá doblado de aquí en cuatro años. Además, Hacienda ofrece muchas facilidades al comprador de una vivienda, que puede disfrutar de importantes ventajas fiscales. Y es que la adquisición de una nueva vivienda tiene una desgravación del 17 por ciento en el

impuesto sobre la renta. Además, resulta una buena fórmula de ahorro y una inversión rentable.

Sopesadas una y otra posibilidad, si finalmente nos decidimos por la opción de la compra y descartamos la del alquiler, nos encontramos con un importante problema: los precios vigentes en el mercado, que en la mayoría de los casos se escapan de las posibilidades económicas del posible comprador. Los precios de los pisos comenzaron a dispararse en 1.985, año en el que subieron a razón de una media del 30 por ciento, una tendencia que continúa siendo la misma. Si nos encontramos en una gran ciudad como Madrid o Barcelona, el precio del metro cuadrado oscila entre las 50.000 pesetas en un barrio periférico y las 120.000 o más que se pueden llegar a cobrar en las zonas céntricas. El problema resulta menor en el caso de la mayoría de las capitales de provincia, en las que un piso de las mismas características puede costar un 60 por ciento o incluso la mitad que en las grandes urbes.

De todas formas, el problema de la adquisición de un piso, algo que se agrava con el factor precios, no afecta sólo a aquellas personas o parejas jóvenes que quieren independizarse del hogar paterno, ya que se extiende a las familias con varios hijos que desean cambiarse a un piso a la medida de sus necesidades. Aunque se disponga de la vivienda anterior para venderla, conseguir un piso con una habi-

tación más puede costar una cantidad adicional que llega a alcanzar los dos o tres millones de pesetas. Llegados a este punto queda claro que, ante los precios que rigen en el mercado, prácticamente nadie puede permitirse el lujo de pagar un piso al contado. Y la única solución que nos queda es recurrir al crédito bancario con garantía hipotecaria, algo que muchos han llegado a calificar como una verdadera trampa de la que a veces resulta difícil salir. Los créditos más baratos actualmente son los que conceden las cajas de ahorros, cuyos tipos de interés oscilan entre el catorce y el dieciséis por ciento. Podemos citar como ejemplo el caso de una familia con hijos que pretenda comprar con un crédito a diez años un piso valorado en ocho millones. Pues bien, para poder hacerlo esta familia necesitará disponer de unos ingresos mensuales superiores a las 250.000 pesetas. Además, si se plantea la compra como una inversión, deberá restar de la revalorización esperada los intereses pagados por el préstamo.

Nos encontramos pues con un negocio que no resulta tan redondo, aunque los expertos consideran que si pensamos en los precios que regirán en el mercado dentro de unos años tal vez merezca la pena realizar tal esfuerzo económico.

(Texto adaptado de
La compra a diario)

Diploma superior de E.L.E.

Prueba 1

PREGUNTAS

1. Si alquilamos un piso tenemos:
   - *a) el inconveniente de que el propietario no se haga cargo del mantenimiento.*
   - *b) la ventaja de que nos protege la Ley de Arrendamientos Urbanos.*
   - *c) la ventaja de sentirnos libres de gastos de conservación de la vivienda.*

2. Si compramos un piso tenemos:
   - *a) la desventaja de la falta de estabilidad que ello conlleva.*
   - *b) la ventaja de hacer una inversión rentable.*
   - *c) el inconveniente de que se hace rentable cada cuatro años.*

3. Los precios de los pisos:
   - *a) tienen tendencia a dispararse al mismo ritmo que hace 30 años.*
   - *b) experimentan el mismo porcentaje de aumento desde 1.985.*
   - *c) son oscilantes en las zonas periféricas y estables en las céntricas.*

4. Cada habitación de un piso:
   - *a) cuesta de dos a tres millones de pesetas.*
   - *b) sale dos o tres millones de pesetas más cara.*
   - *c) cuesta dos o tres millones de pesetas por apartamento.*

5. Para que el piso sea una inversión hay que:
   - *a) restar la revalorización del préstamo.*
   - *b) descontar a su revalorización los intereses del préstamo.*
   - *c) considerar el préstamo en su revalorización.*

A Prueba 1

Ejercicio 1º

TEXTO NÚMERO 8

TRIBULACIONES DE UN ESTUDIANTE

Un estudiante de nacionalidad española, que por circunstancias que no vienen al caso ha realizado en Inglaterra sus estudios universitarios, decide, al volver a España, hacer una tesis doctoral sobre literatura española.

Dicho estudiante se presenta un día, a las nueve en punto de la mañana, en la biblioteca del departamento de Literatura Española de la Universidad Central, con objeto de comenzar sus investigaciones. Allí se encuentra con un cartel escrito a mano, que le informa de que la biblioteca está cerrada y le pide que se dirija al departamento de Lenguas Románicas. Algo extrañado, así lo hace, para encontrarse, en la puerta del citado departamento, con un nuevo cartel escrito a mano, clavado con chinchetas y firmado por la bibliotecaria, en el cual ésta anuncia que enseguida vuelve.

Acostumbrado a las bibliotecas británicas, cuyas paredes están ornadas y con sonrientes fotografías de los miembros del *staff* bajo las cuales figuran el nombre y la especialidad de cada uno, así como la frase: "Por favor, no duden en consultarnos: estamos a su servicio", nuestro estudiante busca en vano un funcionario que le dé razón de los sorprendentes fenómenos más arriba citados. Tropieza, por fin, con un caballero en mangas de camisa, que, de pie y en medio de un pasillo, lee con gran interés un diario deportivo, y que, interpelado por el estudiante, admite de mala gana ostentar el cargo de conserje. A la pregunta de nuestro estudiante sobre por qué y hasta cuándo está cerrada la biblioteca del departamento de Lengua Española, el caballero se limita a responderle que efectivamente está cerrada; añade que hay una señorita que a veces viene a abrirla, señorita que tiene por costumbre llegar a eso de las diez, aunque como hace días que no la ha visto supone que estará de vacaciones, o enferma, o habrá dimitido o se habrá muerto; y haciendo caso omiso de la desazón del estudiante, vuelve a enfrascarse en su diario deportivo.

El estudiante regresa al departamento de Lenguas Románicas, frente a cuya puerta varios chicos y chicas esperan, con la santa paciencia del que estudia en España, que el destino tenga a bien enviar a alguien que la abra. Son ya más de las nueve y media. Llega por fin una señora, con el aspecto agrio de quien sufre simultáneamente varias úlceras de estómago, llevando al cinto un manojo de llaves digno de un carcelero, y abre la biblioteca. Nuestro estudiante, entrando con ella, expresa su deseo de consultarle sobre el misterio de la biblioteca de Lengua Española, a lo cual la funcionaria responde con irritación que no tiene tiempo de atender consultas, ya que debe acudir a una reunión y está llegando tarde; ordena a nuestro estudiante que se siente en su mesa y que vigile, dicho lo cual se va por donde vino.

El estudiante, al que asaltan incómodas dudas sobre si se halla en una universidad o en un colegio de párvulos, se resigna a consultar, en lugar de la inaccesible biblioteca de Lengua Española, la de Lenguas Románicas. Acostumbrado a las bibliotecas británicas, mira a su alrededor en busca de estanterías de las que coger libremente los libros, de catálogos informatizados y de amables señoritas sentadas detrás de mesas con el letrero: "No dude en interrumpirme aunque parezca ocupada". En lugar de ello, el espectáculo que se ofrece a sus maravillados ojos consiste en decimonónicas vitrinas de caoba cerradas con llave, en ficheros abollados con rótulos de cartón, y en una mesa vacía sobre la cual un vistoso cartel advierte a los lectores en potencia que la biblioteca sólo está abierta los días laborables, que aun así, cierra de dos a cuatro para la comida, que de todos modos, los libros se pueden pedir únicamente de nueve a doce y de cuatro a siete; y que en ningún caso y bajo ningún pretexto tiene la biblioteca la más remota intención de prestar dichos libros. Nuestro estudiante observa, por otra parte, que una joven que ha entrado al mismo tiempo que él acaba de hacerse con el manojo de llaves, olvidado por la bibliotecaria sobre la mesa, y aprovechando la ausencia de ésta, abre tranquilamente las vitrinas y se apropia sin más trámites de los volúmenes que le interesan.

Dispuesto ya a tomárselo con filosofía y decidido pese a todo a aprovechar el tiempo, nuestro estudiante consulta el fichero y encuentra varios títulos de interés para sus investigaciones. Descubre, no sin desánimo, los impresos que debe rellenar para solicitarlos; éstos le piden, además de la firma, autor, título, volumen y número de registro de las obras que desea, su nombre, dos apellidos, número del carnet de identidad, domicilio, distrito postal, número de teléfono, fecha y firma, todo ello por duplicado. Nuestro estudiante, a quien a estas alturas ya no sorprendería que le pidieran asimismo el grupo sanguíneo y el certificado de penales, pierde media hora rellenando las papeletas, y las entrega a la bibliotecaria, que regresa en ese momento. La bibliotecaria, visiblemente molesta por tener que buscar libros cuando tiene tantas otras cosas importantes que hacer, le trae dos o tres volúmenes y le comunica que los demás que ha solicitado no aparecen.

Diploma superior de E.L.E.

Prueba 1

Nuestro estudiante, que es por naturaleza preguntón, se empeña en conocer los motivos de tan inoportuna ausencia; a lo cual la bibliotecaria, encogiéndose de hombros, le contesta que "los tendrá algún profesor, o se habrán traspapelado, o los habrán robado", y vuelve a marcharse a sus asuntos.

Nuestro estudiante, que a pesar de sus buenos propósitos está empezando a impacientarse, decide fotocopiar algunas páginas de los libros que ha conseguido, y a tal fin, busca un conserje que le indique dónde se encuentra la fotocopiadora de la Universidad. Con sus libros en la mano, recorre tenebrosos pasillos, sube y baja mugrientas escaleras, lee a duras penas carteles medio arrancados y desteñidos, y termina, a falta de mejor informante, por dirigirse a una señorita que hace ganchillo en el departamento de Hebreo y Arameo. Ésta le comunica que no hay conserjes porque están almorzando, esforzada labor que les tomará por lo menos media hora, y que, por lo demás, es inútil que intente hacer fotocopias porque la fotocopiadora no funciona.

Nuestro estudiante, súbitamente aquejado de depresión nerviosa, tira los libros por el suelo, abandona el departamento de Hebreo y Arameo dando un portazo, baja las escaleras al galope, y emprende el regreso hacia su casa. Por el camino, le viene a la memoria un artículo titulado "Vuelva usted mañana" que no recuerda bien dónde ha leído -¿quizá en la prensa de hace un par de días?-. Le cruza también por la mente, sin que sepa por qué, un fenómeno del que oyó hablar alguna vez, y que se llamaba algo así como fuga de cerebros.

Nuestro estudiante, una vez en su casa, empieza a hacer las maletas. Ha llegado a la conclusión de que el mejor lugar para hacer una tesis de literatura española es la biblioteca de cualquier universidad inglesa.

Texto de LAURA FREIXAS.
(*La Vanguardia*).

PREGUNTAS

1. En la biblioteca:
   a) *a falta de empleados públicos que le informen, el joven recurre a un alto cargo que está leyendo un periódico.*
   b) *a pesar de la buena voluntad que pone en informarle, el funcionario desconoce las causas por las que está cerrada la biblioteca y ausente la bibliotecaria.*
   c) *el estudiante es atendido sin mucho interés por un empleado que está leyendo un periódico.*

2. La bibliotecaria del departamento de Románicas:
   a) *padece de úlcera de estómago.*
   b) *no atiende diligentemente a los estudiantes.*
   c) *manifiesta ostensiblemente su desagrado ante las peticiones del estudiante.*

3. En la biblioteca de Lenguas Románicas:
   a) *los libros están bajo llave en vitrinas de madera.*
   b) *no se prestan libros fuera del horario fijado.*
   c) *al igual que en las bibliotecas británicas los alumnos pueden coger libremente los libros.*

4. El papeleo que se necesita para solicitar un libro es tal que:
   a) *entre otras cosas se pide la altura y grupo sanguíneo del solicitante.*
   b) *el estudiante se desmoraliza.*
   c) *se traspapelaron algunos libros mientras el joven rellenaba los impresos.*

5. Buscando una fotocopiadora, el estudiante:
   a) *no encuentra al conserje ya que éste está ocupado en un almuerzo de trabajo.*
   b) *recorre la universidad cuyo interior es oscuro y está visiblemente descuidado y sucio.*
   c) *es informado por una señorita que está fichando libros en el departamento de hebreo y arameo.*

Ejercicio 1º

TEXTO NÚMERO 9

La rosa de Paracelso

En su taller, que abarcaba las dos habitaciones del sótano, Paracelso pidió a su Dios, a su indeterminado Dios, a cualquier Dios, que le enviara un discípulo. Atardecía. El escaso fuego de la chimenea arrojaba sombras irregulares. Levantarse para encender la lámpara de hierro era demasiado trabajo. Paracelso, distraído por la fatiga, olvidó su plegaria. La noche había borrado los polvorientos alambiques y el atanor cuando golpearon la puerta. El hombre, soñoliento, se levantó, ascendió la breve escalera de caracol y abrió una de las hojas. Entró un desconocido. También estaba muy cansado. Paracelso le indicó un banco; el otro se sentó y esperó. Durante un tiempo no cambiaron una palabra.

El maestro fue el primero que habló.

- Recuerdo caras del Occidente y caras del Oriente -dijo no sin cierta pompa-. No recuerdo la tuya. ¿Quién eres y qué deseas de mí? - Mi nombre es lo de menos - replicó el otro. - Tres días y tres noches he caminado para entrar en tu casa. Quiero ser tu discípulo. Te traigo todos mis haberes.

Sacó un talego y lo volcó en la mesa. Las monedas eran muchas y de oro. Lo hizo con la mano derecha. Paracelso le había dado la espalda para encender la lámpara. Cuando se dio vuelta advirtió que la mano izquierda sostenía una rosa. La rosa lo inquietó.

Se recostó, juntó la punta de los dedos y dijo:

- Me crees capaz de elaborar la piedra que trueca todos los elementos en oro y me ofreces oro. No es oro lo que busco, y si el oro te importa, no serás nunca mi discípulo.

- El oro no me importa -respondió el otro-. Estas monedas no son más que una parte de mi voluntad de trabajo. Quiero que me enseñes el Arte. Quiero recorrer a tu lado el camino que conduce a la Piedra.

Paracelso dijo con lentitud:

- El camino es la Piedra. El punto de partida es la Piedra. Si no entiendes estas palabras, no has empezado aún a entender. Cada paso que darás es la meta. El otro lo miró con recelo.

Dijo con voz distinta:

- Pero, ¿hay una meta?

Paracelso se rió.

- Mis detractores, que son menos numerosos que estúpidos, dicen que no y me llaman un impostor. No les doy la razón, pero no es imposible que sea un iluso. Sé que "hay" un Camino.

Hubo un silencio, y dijo el otro:

Estoy listo a recorrerlo contigo, aunque debamos caminar muchos años. Déjame cruzar el desierto. Déjame divisar siquiera de lejos la tierra prometida, aunque los astros no me dejen pisarla. Quiero una prueba antes de emprender el camino. -¿Cuándo? -dijo con inquietud Paracelso.- Ahora mismo -dijo con brusca decisión el discípulo.

Habían empezado hablando en latín; ahora, en alemán.

- Es fama -dijo- que puedes quemar una rosa y hacerla resurgir de la ceniza, por obra de tu arte. Déjame ser testigo de ese prodigio. Eso te pido, y te daré después mi vida entera. -Eres muy crédulo -dijo el maestro. - No he menester de la credulidad; exijo la fe. El otro insistió. - Precisamente porque no soy crédulo quiero ver con mis ojos la aniquilación y la resurrección de la rosa.

Paracelso la había tomado, y al hablar jugaba con ella. - Eres crédulo - dijo. - ¿Dices que soy capaz de destruirla?

- Nadie es incapaz de destruirla - dijo el discípulo. - Estás equivocado. ¿Crees, por ventura, que algo puede ser devuelto a la nada? ¿Crees que el primer Adán en el Paraíso pudo haber destruido una sola flor o una brizna de hierba?

- No estamos en el Paraíso -dijo tercamente el muchacho; - aquí, bajo la luna, todo es mortal.

Paracelso se había puesto en pie. - ¿En qué otro sitio estamos? ¿Crees que la divinidad puede crear un sitio que no sea el Paraíso? ¿Crees que la Caída es otra cosa que ignorar que estamos en el Paraíso?

- Una rosa puede quemarse -dijo con desafío el discípulo.

- Aún queda fuego en la chimenea -dijo Paracelso. - Si arrojamos esta rosa a las brasas, creerías que ha sido consumida y que la ceniza es verdadera. Te digo que la rosa es eterna y que sólo su apariencia puede cambiar. Me bastaría una palabra para que la vieras de nuevo.

- ¿Una palabra? -dijo con extrañeza el discípulo. - El atanor está apagado y están llenos de polvos los alambiques. ¿Qué harías para que resurgiera?

Paracelso lo miró con tristeza. -El atanor está apagado -repitió- y están llenos de polvo los alambiques. En este tramo de mi larga jornada uso de otros instrumentos.

- No me atrevo a preguntar cuáles son -dijo el otro con astucia o con humildad. - Hablo del que usó la divinidad para crear los cielos y la tierra y el invisible Paraíso en que estamos, y que el pecado original nos oculta. Hablo de la Palabra que nos enseña la ciencia de la Cábala.

El discípulo dijo con frialdad: -Te pido la merced de mostrarme la desaparición y aparición de la rosa. No me importa que operes con alquitaras o con el Verbo.

Paracelso reflexionó. Al cabo, dijo: -Si yo lo hiciera, dirías que se trata de una apariencia impuesta por la magia de tus ojos. El prodigio no te daría la fe que buscas: Deja, pues, la rosa.

El joven lo miró, siempre receloso. El maestro alzó la voz y le dijo: -Además, ¿quién eres tú para entrar en la casa de un maestro y exigirle un prodigio? ¿Qué has hecho para merecer semejante don?

Diploma superior de E.L.E.

El otro replicó tembloroso: -Ya sé que no he hecho nada. Te pido en nombre de los muchos años que estudiaré a tu sombra que me dejes ver la ceniza y después la rosa. No te pediré nada más. Creeré en el testimonio de mis ojos.

Tomó con brusquedad la rosa encarnada que Paracelso había dejado sobre el pupitre y la arrojó a las llamas. El color se perdió y sólo quedó un poco de ceniza. Durante un instante infinito esperó las palabras y el milagro.

Paracelso no se había inmutado. Dijo con curiosa llaneza: -Todos los médicos y todos los boticarios de Basilea afirman que soy un embaucador. Quizá están en lo cierto. Ahí está la ceniza que fue la rosa y que no lo será.

El muchacho sintió vergüenza. Paracelso era un charlatán o un mero visionario y él, un intruso, había franqueado su puerta y lo obligaba ahora a confesar que sus famosas artes mágicas eran vanas.

Se arrodilló, y le dijo: - He obrado imperdonablemente. Me ha faltado la fe, que el Señor exigía de los creyentes. Deja que siga viendo la ceniza. Volveré cuando sea más fuerte y seré tu discípulo, y al cabo del Camino veré la rosa.

Hablaba con genuina pasión, pero esa pasión era la piedad que le inspiraba el viejo maestro, tan venerado, tan agredido, tan insigne y por ende tan hueco. ¿Quién era él, Johannes Grisebach, para descubrir con mano sacrílega que detrás de la máscara no había nadie?

Dejarle las monedas de oro sería una limosna. Las retomó al salir. Paracelso lo acompañó hasta el pie de la escalera y le dijo que en esa casa siempre sería bienvenido. Ambos sabían que no volverían a verse.[...]

Cuento incompleto de J. L. BORGES . (Editorial Swan)

PREGUNTAS

1. El oro que el discípulo ofrece a Paracelso:
   a) es el metal que menos aprecia.
   b) es rechazado por él porque prefiere dedicarse a la búsqueda de otro metal.
   c) es un símbolo del esfuerzo que está decidido a acometer a su lado.

2. Según el Autor:
   a) Paracelso no cree, como sus detractores, que la meta sea el camino.
   b) el discípulo recela de la explicación dada por Paracelso de que la meta es el Camino.
   c) Paracelso está convencido de que sus detractores tienen razón en todo lo que dicen de él.

3. Según el texto:
   a) el discípulo piensa que en el Paraíso no todo es mortal.
   b) Paracelso cree que nada se puede destruir si no estamos en el Paraíso.
   c) Paracelso cree que la desgracia del hombre es no saber que se encuentra en el Paraíso.

4. Paracelso no dispone:
   a) de muchos instrumentos para hacer resurgir la rosa.
   b) nada más que de un instrumento para realizar el prodigio.
   c) ningún instrumento material para sus prodigiosos fines.

5. Paracelso:
   a) se niega a realizar el prodigio porque ello no constituiría una prueba fehaciente para el discípulo.
   b) no quiere realizar el prodigio por no utilizar la magia ante los ojos del discípulo.
   c) no desea que la magia del prodigio se interponga ante la fe del discípulo.

6. El discípulo:
   a) siente vergüenza por haberse dejado embaucar por un charlatán.
   b) siente vergüenza por haber puesto al descubierto la triste verdad de Paracelso.
   c) se arrepiente por no ser lo suficientemente fuerte para realizar la magia que le ha enseñado Paracelso.

TEXTO NÚMERO 10

Aprender a envejecer

Este siglo se caracteriza por el aumento triunfante de la duración de la vida, por la victoria de la supervivencia. Como resultado de los avances espectaculares de la salud pública y de la calidad de vida, más del 13% de la población actual del mundo occidental supera ya los 65 años de edad.[…]

El psicólogo norteamericano Erik Erikson ha descrito recientemente la última etapa del ciclo de la vida a la que ha caracterizado por la sabiduría. Segun Erikson, la sabiduría en la vejez se armoniza con una actitud realista y despegada hacia la muerte e integra la esperanza, la voluntad, el amor y el interés por los demás. A su vez, los mayores manifiestan la sabiduría con tolerancia, profundidad, coherencia, y con la capacidad de observar y distinguir lo importante y trascendental de lo que no lo es.

Aunque todavía no se conoce con certeza la relación entre el envejecimiento, la herencia, el estilo de vida y las enfermedades propias de la edad como la arterosclerosis y el cáncer, sabemos que circunstancias como una infancia feliz, la cohesión de la familia y las relaciones con los padres que suscitan confianza e iniciativa están relacionadas con el bienestar después de los 65 años. Otros factores influyentes que están más directamente bajo el control de la persona de edad avanzada incluyen la disposición para llevar a cabo un repaso benévolo de la vida ya pasada, la capacidad para conservar un cierto grado de autonomía y, sobre todo, la aptitud para mantener una interacción física, emocional y social con el mundo circundante.

Igual que a los niños y adolescentes se les enseña a afrontar las vicisitudes de la edad adulta, los adultos, a su vez, deben aprender a superar los desafíos de la vejez. A lo largo de la vida, algunas personas prevén, más o menos conscientemente, el carácter final de la tercera edad y experimentan fugazmente el temor a *no ser*, mientras que otras se imaginan la ancianidad a través de sus abuelos u otras personas cercanas de edad avanzada. La mayoría, sin embargo, amparada por la negación masiva del envejecimiento que ejerce la sociedad moderna, elude hasta el final su senectud y no se prepara para esta última etapa. Como consecuencia, muchos tienen que superar grandes obstáculos, unos biológicos, otros impuestos por la ecología psicosocial de nuestro tiempo.

En primer lugar, en la vejez es importante aceptar la inalterabilidad de la vida ya pasada, repasar con benevolencia el ayer y admitir que ya no se dispone de tiempo para volver a caminos que no se recorrieron. El mayor peligro de cualquier revisión crítica de un pasado irreversible es que puede provocar fácilmente culpabilidad, resentimiento e incluso odio hacia uno mismo.

En segundo lugar, es esencial mantener una cierta autonomía, lo que no siempre es una tarea fácil, ya que durante esta fase tardía de la vida existen múltiples amenazas contra la autodeterminación. Por un lado, el envejecimiento del cuerpo y de los sentidos disminuye la libertad de acción, mientras que los órganos internos llaman la atención constantemente con su mal funcionamiento. Por otro, las condiciones económicas, que por lo general empeoran en la vejez, restringen la capacidad de tomar decisiones libremente. Las aptitudes psíquicas y sociales también se van mermando, como si el proceso natural del desarrollo hubiese dado marcha atrás.

Contrariamente al mito que identifica la ancianidad con la invalidez, más del 80% de las personas de edad avanzada mantiene una vida activa y autosuficiente. Para un grupo reducido de incapacitados, sin embargo, el coste de sus cuidados constantes en la casa puede alcanzar niveles astronómicos y la única solución es la institucionalización. Desgraciadamente, muchas de las residencias para ancianos son inadecuadas, están orientadas exclusivamente hacia fines lucrativos y no proveen las atenciones y los estímulos necesarios.

La sociedad contemporánea idealiza la juventud. Lo viejo es feo, no sirve, se tira. La imagen de las personas mayores es vulnerable a estos estereotipos, de forma que ellos mismos se consideran poco atractivos, asexuales, inútiles e imposible de ser queridos. En respuesta, algunos longevos tratan de evitar a toda costa parecer mayores, lo que a menudo da lugar a actos fallidos y humillaciones. O, por el contrario, optan por evadir todo tipo de actividades gratificantes y placenteras al considerarlas indecorosas o contrarias a las convenciones sociales. Se sienten abrumados y hasta sufren de depresión, que frecuentemente no se diagnostica ni se trata.

La jubilación, no importa cómo se ritualice, a menudo da lugar a falta de autonomía y a un amargo sentimiento de inferioridad y de rechazo, especialmente entre quienes el trabajo representa la fuente

Prueba 1

principal de autoestima y gratificación. El desecho indiscriminado de la población mayor activa supone una aproximación sociopolítica cruel y simplista; además, resulta paradójica, dado que tanta gente se queja del creciente "índice de dependencia" o la carga que los mayores imponen en las generaciones más jóvenes. Muchos ancianos son testigos impotentes de la lucha de sus hijos para poder mantenerles. Para los hijos, a su vez, la labor resulta igualmente dolorosa tanto por la magnitud de la responsabilidad como por los sentimientos de culpa y rencor que inevitablemente se producen.

En la vejez, el miedo a la dependencia, al abandono y a la soledad son las fuentes principales de angustia. Consecuentemente, la conexión o el envolvimiento con el entorno social es la condición fundamental para una senectud feliz. La interdependencia multigeneracional, dentro y fuera de la familia, ayuda a mantener relaciones estimulantes y de cariño y a superar el aislamiento que produce la muerte del cónyuge y de otros compañeros de vida. Después de todo, como las leyendas nos enseñan, los mayores son los transmisores de las tradiciones, los guardianes de los valores ancestrales, el eslabón que une las generaciones. En

este sentido, la vejez aporta la inmortalidad de la continuidad existencial, la única que se puede ofrecer.

El hombre y la mujer contemporáneos deben aprender a envejecer para lograr que su última etapa de la vida sea una experiencia de sabiduría, de benevolencia, de autonomía y de participación. Hoy, una vida larga ya no es el privilegio de unos pocos, sino el destino de la mayoría. El desafío es vencer los estereotipos adversos que existen tanto dentro de nosotros mismos como de la sociedad.

**Texto de
LUIS ROJAS MARCOS.**
(Adaptado de *El País*)

PREGUNTAS

1. Según Erik Erikson:
   a) *la característica más importante de la vejez es la sabiduría.*
   b) *la proximidad de la muerte armoniza en el ser humano la sabiduría con el realismo.*
   c) *en la vejez se es más sabio si se sabe renunciar a la vida y se proyecta la esperanza y el amor hacia los intereses de los demás.*

2. En opinión de Rojas Marcos:
   a) *a los niños, como a los adultos, se les debe enseñar cómo afrontar la vejez.*
   b) *la mayoría de los adultos tratan de eludir la idea de envejecer y no están preparados para hacer frente a la senectud.*
   c) *todo ser humano se imagina la ancianidad a través de sus parientes más cercanos.*

3. Es difícil mantener la autonomía en la vejez:
   a) *porque la autonomía de los órganos internos disminuye con el envejecimiento.*
   b) *ya que disminuyen las aptitudes sociales y psíquicas en un proceso natural de desarrollo.*
   c) *debido a que las dificultades económicas y el envejecimiento del cuerpo condicionan la independencia de los ancianos.*

4. La idealización de la juventud en la sociedad actual hace que:
   a) *los mayores traten de ocultar su edad humillándose.*
   b) *algunos ancianos intenten huir del envejecimiento realizando actividades que les proporcionen placer.*
   c) *el verse viejo provoque en muchos casos depresiones que a menudo no están justificadas.*

5. Para una senectud feliz:
   a) *rodearse de un ambiente agradable es esencial para que los ancianos se sientan seguros, queridos, y no noten la ausencia del cónyuge.*
   b) *el contacto y la integración social son necesarios.*
   c) *la dependencia de la sociedad que les rodea y de la familia es fundamental para sentirse estimulados y queridos.*

Prueba 1: Comprensión de lectura

Ejercicio Segundo: Textos fragmentados

A continuación le ofrecemos catorce textos, cada uno de ellos en dos columnas. Los ocho primeros son transcripciones de entrevistas, y usted debe relacionar cada fragmento de la columna A (preguntas del periodista que aparecen ordenadas), con un solo fragmento de la columna B (respuestas del entrevistado que aparecen desordenadas). En los seis restantes usted debe completar el texto de la columna A con el fragmento adecuado de la columna B.

1. Carmen Maura

Entrevista hecha por el periódico *El Mundo* a la actriz española Carmen Maura.

COLUMNA A	COLUMNA B
1 ¿El cine es, realmente, lo único que la saca de casa?	**A** En *Sombras en una batalla* sí, pero en la vida real, siempre y cuando te organices bien, no tiene por qué ser. En mi caso, por ejemplo, si mi ex marido llamara al timbre de mi casa, no sólo no le abriría sino que le daría con la puerta en la narices.
2 En *Sombras en una batalla*, su último estreno, hace usted de mujer, mujer, ¿no?	**B** Al principio me contuvo mucho. A veces, tenía la impresión de ser una botella de champán con el tapón puesto. Finalmente, se lo hice bien. Tenía que interpretar a una vasca. Ser una mujer seca. De las que jamás sonríen por nada... Claro que, al menos, pude llorar... Aunque, por qué no decirlo, a mí no me gusta meter mucha lágrima en los rodajes. Sólo lo hago cuando es obligatorio. Entiendo que da buen resultado, pero luego me duele la cabeza. Lo dramático cansa mucho.
3 ¿Mario Camus, guionista y director de la película, supo explicarle lo que quería?	**C** Sólo lo necesario. Me conformo con que no me traten mal. Me encanta la gente educada, la que no grita, pero nunca me han gustado los mimos excesivos. Cuando necesitas que te mimen más es cuando estás empezando y, por desgracia, es cuando peor te tratan. Por eso, cuando me encuentro con gente que tiene papeles pequeños en los rodajes trato de ayudarles, de darles calorcito.
4 En un momento de la película, usted pone una pistola sobre la sien de un hombre, ¿en la vida real sería capaz de apretar el gatillo?	**D** Por supuesto. A mí, de hecho, lo malo se me olvida tan rápido que me atrevería a decir que es algo casi enfermizo. Paso del pasado porque no me parece nada útil.

COLUMNA A

COLUMNA B

5 ¿Es usted una auténtica joya del cine español a la que hay que mimar, cuidar y proteger?

E Es, al menos, un papel completamente diferente a todo lo hecho hasta ahora. Estoy muy bien dirigida.

6 ¿Malos tiempos para la lírica o para el cine?

F Nunca tendría un revólver en casa. Cuando uno saca un arma, los nervios ya se han disparado. Me dan terror y eso que con Enrique Urbizu he hablado mucho de hacer una película con pistolas. Del Oeste, de espías...

7 ¿Se puede huir del pasado?

G El cine, el campo y pocas cosas más. El alcohol me da sueño. A la segunda ya estoy doblada y, si recuerdo alguna pequeña borrachera de juventud, puedo decir que, muchísimo antes de estar divertida, ya estaba mala.

8 Y, sin embargo, en la película vuelve en forma de hombre atractivo.

H Vamos a ver qué pasa con esta ministra nueva que nos han puesto. En principio, la temporada se abre con una barbaridad de estrenos españoles. La cantidad es muy importante, pero también, salir al extranjero con un producto de calidad. De lo contrario es muy difícil que una película sea negocio.

9 ¿Qué es lo que más le gustó de *Sombras en una batalla*?

I Rodar en el campo, ir con pantalones y cazadora es algo que no se paga con nada. La gente no sabe lo que es estar doce horas con los tacones puestos y maquillada. Todos teníamos coloretes. Trabajábamos concentradísimos y aislados en pueblos en los que nunca habían oído hablar de nosotros. Les dábamos igual.

A Prueba 1

Ejercicio 2º

2. Luis Landero

Luis Landero, escritor español, ha sido entrevistado por *El País*, con motivo de la presentación de su segunda novela.

<u>COLUMNA A</u>

1 ¿Y qué es lo que hay en común entre aquella primera novela y ésta?

2 ¿Y en qué se diferencian?

3 ¿Y las influencias? La escritura,su tono, a veces recuerda a García Márquez...

4 ¿De dónde procede el material con el que alimenta sus novelas?

<u>COLUMNA B</u>

A Me fascina la Ilustración. Yo me siento, me gustaría ser uno de aquellos viejos ilustrados que defienden esos viejos valores que están en el origen de la izquierda: la razón, la tolerancia, la libertad, la igualdad, la fraternidad. Hablo como ciudadano, no como escritor. Me interesan esos personajes que viven un tanto al margen de su tiempo porque siguen de alguna manera siendo fieles a una utopía, a una utopía, por cierto, bastante razonable: que es la utopía del Siglo de las Luces.

B Yo la literatura la descubrí como literatura oral. Los de mi infancia fueron tiempos en los que no había televisión y, para entretenernos, nos reuníamos haciendo corros alrededor de la lumbre y se contaban historias. Mi abuela, mi madre, eran muy buenas contadoras de cuentos. Eran historias que venían de cuentos folclóricos, y también cuentos legendarios en torno al pueblo […]. Creo que ahí adquirí un poco el gusto por contar.

C En la composición. Ésta es una novela, para empezar, escrita desde la distancia. La otra la escribí muy cerca de los personajes. He intentado escribir en un lenguaje no demasiado denso, donde la retórica quiere ser invisible. Se trata de una novela muy ceñida al argumento.

D Eso es un misterio y no tiene nada que ver con la biografía que uno pueda tener. Yo, por ejemplo, que he vivido en el mundo de la farándula cuando era guitarrista, he conocido personajes de lo más excéntrico y he vivido situaciones extraordinarias. Y nada de eso, sin embargo, me inspira. En cambio, una mirada que vi fugazmente hace muchos años, la pesadumbre que sentí una tarde de domingo... Igual son esas cosas que no tienen importancia las que me mueven a escribir. Algo que vi vivir; que ni siquiera vi, que vislumbré... […]. De todas formas, para la literatura la vida es como un cerdo: todo se aprovecha.

Diploma superior de E.L.E.

Prueba 1

COLUMNA A

| 5 | ¿Hay algún episodio en el que reconoce el origen de su interés por contar historias? |

| 6 | Y sus proyectos concretos, ¿de dónde salen? |

| 7 | De todos los rincones que llenan las bibliotecas, ¿con cuál se quedaría? |

COLUMNA B

| E | Con García Márquez pasa una cosa: si a uno le influyen Virginia Woolf, Faulkner o *Las mil y una noches* dirán que le ha influido García Márquez. Quiero decir que García Márquez de alguna manera ha colonizado nuestra lengua con un tipo de estilo, y lógicamente a él le han influido Faulkner, Virginia Woolf y *Las mil y una noches*. En García Márquez confluyen de un modo personalísimo un montón de tonos narrativos, entre los cuales éstos son sólo tres ejemplos. Ahora bien, yo creo que mi mundo es muy distinto al de García Márquez. Donde sí se puede notar su influencia es en el ritmo de la prosa [...]. |

| F | Uno de los nexos son los temas de fondo, en los que sí encuentro un parentesco. Los personajes tienen cosas en común: tienen una existencia más o menos vulgar, corriente, y después ocurre algo que tuerce su destino hacia un lugar imprevisto. [...] En ambas novelas, por otro lado, se puede encontrar la relación entre realidad y fantasía, entre lo que soy y lo que me gustaría ser... un poco la aventura existencial exacerbada por los sueños. También supongo que se parecen en el estilo, en el manejo del léxico y demás. |

| G | Tengo siempre a la mano una especie de diario, donde cuento cosas. [...]. Lo que hago allí es contar historias y así, este diario se convierte en una especie de manantial de donde me alimento. Yo no soy muy dado a las cosas ideológicas. Soy, sobre todo, narrador. [...] |

Prueba 1

Ejercicio 2º

3. Joselito

Joselito es un conocido torero español. *El País* le hizo una entrevista hace poco.

COLUMNA A

1 Tomando como base una entrevista de 1989 de *El País Semanal*, cuando usted tenía 19 años, me gustaría ir viendo cómo ha cambiado.

2 ¿Y le gusta sentirse fiel a sí mismo?

3 Eso no parece muy conveniente.

4 En estos años ha logrado tener una finca, caballos, una ganadería, un "Mercedes". Son las cosas que primero compran los toreros en cuanto tienen dinero. ¿Por qué una finca y no un yate, por ejemplo? ¿Por qué todos obedecen esa tradición?

5 Y ha cambiado de objetivo. ¿Qué pretende ahora?

COLUMNA B

A No lo es, te lleva el cinismo. Pero lo más importante es que cuando me acueste, pueda dormir tranquilo, sabiendo que he hecho lo que debía hacer. Es una cuestión conmigo mismo, una necesidad de sentirme sincero. Y esto sirve incluso para las ocasiones en las que estoy equivocándome.

B Miguel, El Litri, ha comprado un montonazo de coches, y yo compro uno para que me lleve. Pero me gustan mucho los caballos y me gusta el campo. De hecho, compré unos locales comerciales, pero los vendí. Aunque gane menos con el campo, sé que voy a disfrutarlo. Porque ya no quiero ser rico. Cuando era pequeño y no tenía cinco duros para invitar a una *coca-cola* me daba mucha vergüenza y quería ser rico. Creía que con dinero podía conseguirlo todo. Cuando tuve el dinero me dije: bueno, ya lo tengo...

C Muy a gusto, sí.

D El oro que reluce.

E La felicidad. Sí, que me sienta como me siento ahora. Lo digo mucho, pero es verdad; me encuentro muy feliz y a gusto con todo lo que hago, con lo que me rodea. Quisiera mantenerme así durante mucho tiempo, tal como estoy. Bueno, con los altibajos que siempre tiene la vida, y que surgirán.

30

Diploma superior de E.L.E.

COLUMNA A

| 6 | ¿Las chicas le dan miedo? |

| 7 | ¿Quiere decir que se siente a gusto toreando, como torero? |

| 8 | Ese temor a tener una relación estable con una mujer, a formar una familia, ¿tiene que ver con la mala relación que siempre ha tenido con su madre? |

| 9 | ¿Y piensa que no está en las mejores circunstancias para hallar a esa mujer? |

| 10 | ¿Qué es lo que a las mujeres les atrae de los toreros? |

| 11 | ¿Y esa virilidad que, según la leyenda, se les da por supuesta? |

COLUMNA B

| F | Eso es. Cuando se te acerca una chavala, siempre piensas que seguramente viene por Joselito, no por José Miguel Arroyo. Así que a las complicaciones normales que tiene todo el mundo, en mi caso hay que añadir que soy un torero conocido. Eso lo agrava. |

| G | Aparte de que se suponga que somos muy machos, sobre todo es porque sales en las revistas, y por el dinero que se te supone. |

| H | No, nunca me han dado miedo. Es verdad que siempre he estado mentalizado para estar más pendiente de mi profesión que de las chicas, siempre las he tenido respeto. La verdad es que ahora tengo más tiempo, me lo tomo de otra forma. Me parece que, aunque tenga la misma responsabilidad, ahora soy capaz de asumirla, de vivir con ella; eso antes me resultaba mucho más difícil. Era como si no pudiera digerir la responsabilidad y ahora logre hacer la digestión con ella. |

| I | Uno tiene que recordar de dónde viene. Siempre me ha gustado mostrarme tal como soy, o más bien, me gusta intentar ser como quiero ser. Para mí la sinceridad es importante. No voy a venderme como un tipo agradable, por ejemplo. Si me encuentro a gusto, puedo ser la persona más risueña del mundo, la más simpática; pero si me encuentro mal, no me gusta aparentar lo contrario. Prefiero que se trasluzca mi estado anímico. |

| J | Pues no lo sé. No me gustaría hacer daño a nadie ni que me lo hiciera. Me asusta lo que pasan los niños cuando los padres se separan. Eso es lo que me da pánico, porque yo lo pasé muy jorobado. Y tengo miedo de no poder encontrar a la mujer con la que todo eso no suceda. |

| K | No he cambiado mucho. He engordado, he ensanchado más, pero sigo siendo el mismo. Sólo ha pasado el tiempo, y en estos años he madurado. |

4. Octavio Paz

Octavio Paz, mejicano, poeta, de 78 años, premio Nobel de Literatura de 1990, es uno de los intelectuales que más tiempo ha dedicado a reflexionar sobre la esencia de la cultura. Testigo del siglo, aborda en esta entrevista (adaptada de la revista *Leonardo*) el futuro de las palabras. Para él, la propia palabra futuro se halla en decadencia.

COLUMNA A	COLUMNA B
1 ¿Qué ha significado para usted la maestría de usarlas?	**A** El valor del silencio, que es lo que no estoy cumpliendo ahora.
2 ¿Qué es para usted la palabra?	**B** Habrá nuevas formas de difusión. La televisión, por ejemplo, es muy importante. La poesía empezó como palabra hablada y después siempre ha buscado una disposición tipográfica. La televisión puede combinar la palabra con la imagen y con el signo escrito, pero para eso los creadores tendrían que participar del medio.
3 Hay quien anuncia la desaparición del libro.	**C** La palabra es inseparable del ser humano. Los animales se comunican, y las células y las estrellas, pero esto son metáforas lingüísticas. El lenguaje, la palabra, es una característica esencialmente humana.
4 ¿Cuál ha sido su último descubrimiento personal?	**D** Desconfiar de la palabra felicidad, a la que otorgamos un excesivo peso en el siglo XX. Gran parte de las desventuras sufridas ha sido producto de la tentativa de los Gobiernos por imponer la felicidad. Decretar la comunión obligatoria es la única manera de que nadie comulgue. La felicidad es un concepto individual y subjetivo, un ideal ético: la mayor parte de los moralistas ha pensado que para obtenerla hay que obedecer a un cierto tipo de moral.

COLUMNA A

5 | ¿Cuál será la función del escritor, qué tendrá que decir?

6 | ¿Qué tendríamos que hacer para ser más felices en el próximo milenio?

7 | Y el mundo, ¿qué está diciendo?

8 | ¿Qué queda y qué será del concepto cultura?

COLUMNA B

E | No me considero un maestro. Las palabras presentan los mismos enigmas que el ser humano, pues son inseparables. La lingüística es una ciencia que pretende aislar las palabras y estudiarlas como objeto de laboratorio, lo cual es relativamente cierto, porque la verdad es que los instrumentos para estudiar las palabras son también palabras. Cada vez que tratamos el lenguaje intervenimos en el lenguaje mismo.

F | Creo que tiene que decir lo que se le antoje, pero tendrá que buscar pluralidad de públicos. Es fundamentalmente un problema político, que se respete la libertad de opinión. Hay muchas formas de censura, entre otras la censura comercial que impide que los individuos se expresen. La tentativa de reducir todo a patrones culturales debe provocar la lucha contra la homogeneidad. El arte moderno ha perdido su capacidad de rebeldía, de crítica. La vanguardia se ha perdido en una repetición de fórmulas, y se ha perdido la combatividad. No podemos decir sí porque hemos perdido la capacidad de decir no.

G | La palabra cultura tiene muchas acepciones. Si se entiende como un conjunto de prácticas sociales, y el Estado está destinado a estimular esto, me parece muy peligroso, porque lo que están estimulando es el espectáculo, lo que llaman la cultura del espectáculo.

H | No lo sabemos.

Prueba 1

Ejercicio 2º

5. Cristina Narbona

A continuación le ofrecemos una entrevista que hizo *El País* a Cristina Narbona, Secretaria de Estado de Medio Ambiente y Vivienda.

<u>COLUMNA A</u>

1 No se prodiga en entrevistas, ¿no?

2 Hace diez días, Madrid perdió la Agencia Europea de Medio Ambiente. Fue a Copenhague. ¿Es una gran pérdida?

3 ¿Tan lejos estamos de otros países de la CE*?

4 ¿Y qué está haciendo para aproximarnos?

5 ¿Con incineradoras incluidas?

<u>COLUMNA B</u>

A Hemos empezado a hacerlo en cuanto el Ayuntamiento puso contenedores.

B Ahora mismo hemos comenzado los contactos con las comunidades autónomas para la revisión del Plan Nacional de Residuos Industriales, que estará vigente los próximos cuatro años.

C Por muchos esfuerzos que se hagan siempre quedará una parte de residuos para los que no habrá otro tratamiento posible que la incineración. Hay que intentar que sean los menos posibles. Pero España necesita alguna planta incineradora.

D Me estoy reuniendo con todos ellos, porque creo que han alcanzado un grado de madurez suficiente como para tenerlos en cuenta no sólo como asesores sino como transmisores a la sociedad de las preocupaciones ambientales.

E La mayoría de los ayuntamientos no tienen capacidad de inversión para poner en marcha y mantener depuradoras. Por eso hay que integrar los esfuerzos a nivel estatal, autonómico y local, e intentar captar fondos de cohesión de la CE*.

34

Diploma superior de E.L.E.

COLUMNA A

| 6 | ¿Y sobre depuración de aguas residuales? |

| 7 | ¿Quién tiene más conciencia ambiental en España, la sociedad, los políticos o los empresarios? |

| 8 | Una pregunta a la ciudadana Cristina Narbona: ¿Separa en la basura de su casa el vidrio y el papel? |

| 9 | Precisamente de eso se quejan muchos ciudadanos. No se les puede pedir concienciación y participación en el reciclado, si no se les facilita una estructura. Contenedores sin ir más lejos. |

| 10 | ¿Cómo ve el movimiento ecologista español? |

COLUMNA B

| F | Lamento que no se nos haya asignado la agencia, por lo que supone de pérdida de un estímulo adicional para acortar distancias respecto a los países de la CE* en medio ambiente. Pero en la decisión entraban en juego muchos intereses ajenos a si somos eficaces o no en política ambiental. |

| G | Por eso estamos a punto de cerrar un acuerdo con la Federación de Municipios y Provincias para poner contenedores de vidrio y papel en toda España por valor de mil millones de pesetas. |

| H | La sociedad está avanzando mucho. Pero es que sociedad somos todos. En cualquier caso, es un proceso lento y nos queda mucho camino por recorrer. Pero hay que ser optimistas, porque las nuevas generaciones están ya muy concienciadas. |

| I | Sí. Si nos comparamos con Grecia y Portugal estamos por delante, pero respecto a otros países de la CE* todavía estamos muy lejos. Sobre todo en cuanto a tratamiento de residuos y depuración de aguas residuales. |

| J | Creo que lo primero que hay que hacer al llegar a un cargo es profundizar en los asuntos sobre los que se ha de trabajar y decidir. Después llega el momento de comunicarlo. Pero no tengo nada contra las entrevistas. |

* La C.E. ha pasado a denominarse U.E. (Unión Europea) desde enero de 1.994.

6. Antxón Urrosolo

Antxón Urrosolo es un periodista que todo lo enreda con sus palabras y que propone, desde su programa en Telemadrid, inyectar riesgo, emoción y "caos" a la televisión de toda la vida.

COLUMNA A

1 | ¿Quién es, de dónde viene y adónde va?

2 | Quizás, un chico de provincias con aspiraciones...

3 | ¿Quiere decir que no aspira a ser "comprado" por una cadena de televisión?

4 | Los chicos del Norte están dando muy buen resultado, ¿no?

5 | ¿La tele es una bazofia?

COLUMNA B

A | Estoy entre Jacques Brel y la "Pandilla basura". Me he criado al margen de los tópicos y, como presentador, pretendo no aburrir. Como telespectador no hay nada que me llame la atención de los comunicadores actuales.

B | Es cierto. Ahora mismo, en Madrid hay una especie de epidemia de talentos. En la periferia también pasan cosas y ya era hora de que trascendieran. Desde hace algunos años, Galicia y el País Vasco tienen mucho que decir en este sentido.

C | Soy un periodista con muchos años de profesión y oficio a las espaldas. Una persona nada dueña de mis silencios y víctima de mis palabras.

D | Yo, al menos, no me identifico con ella. Con todos mis respetos, tengo muchos mejores recuerdos de los locutores de mi infancia que de los de ahora. Es una generación extraña, un poco "sandwich".

E | No necesito demasiadas cosas para sentirme satisfecho. Vivo bien y, aunque nunca se sabe, a lo que aspiro realmente es a dejarme el alma en algo que me guste... Y la tele, qué duda cabe, me gusta.

Diploma superior de E.L.E.

Prueba 1

COLUMNA A

6 | ¿También usted?

7 | ¿Está decidido, entonces, a hacer algo diferente, un programa que rompa?

8 | ¿Propone el descontrol como alternativa?

COLUMNA B

F | La tele siempre ha estado en manos de especialistas, profesionales, teóricos, políticos… y ha llegado la hora de que el público tome el relevo. Me gustaría que en *Rifi-Rafe* se invirtieran los papeles. Pretendo que "los de siempre" escuchen y que el público hable. Después de tantos años y, aunque digan tonterías, los telespectadores merecen un puesto diferente.

G | En un momento determinado, un pequeño desorden viene bien. La vida, de hecho, es desorden. Es importante correr riesgos. Prepararse para afrontar un hecho o una circunstancia no prevista ni escrita. Desde el orden absoluto ocurren pocas cosas. Queremos llegar al límite sin faltar al respeto… Me atrevería a decir que el caos podría funcionar mejor que el desorden. Es necesaria una dosis de libertad y de acción… La gente, además de aplaudir cuando así se lo indican, vive, respira y tiene cosas que decir. La palabra, definitivamente, tiene que estar al servicio del público.

H | Chico de provincias sí, pero mis ambiciones van por otro lado. Quiero, por supuesto, hacer un buen programa, pero no he venido a torear a Las Ventas. Llevo 20 años en este oficio y tengo la vanidad cubierta.

(Texto adaptado de *El Mundo*)

Prueba 1

Ejercicio 2º

7. Alberto Castejón

Alberto Castejón, meteorólogo y licenciado en Física, no tiene nada claro que la Antártida sea un santuario de paz, investigación y cooperación internacional. "Ahí están los ingleses, los argentinos y los chilenos, que siguen con sus reivindicaciones territoriales. Y hoy en día, cuando un país reivindica algo es porque busca algún interés material y de prestigio como nación. Además, países como Alemania, Suecia, Chile y Estados Unidos fletan buques oceanográficos con destino a la Antártida que enmascaran visitas turísticas. Llevan dos o tres científicos y entre 20 y 50 turistas. El Tratado de Madrid consiguió una moratoria de 50 años en la explotación de los recursos de este continente, pero no prohíbe el turismo; lo tolera con ciertas condiciones".

COLUMNA A

1 ¿Y eso es preocupante?

2 ¿Cuál fue su primera impresión de la Antártida?

3 ¿Y vuelve cambiado a la cultura urbana?

COLUMNA B

A Hemos realizado un programa sobre líquenes y musgos en colaboración con Alemania que ha usado una tecnología muy puntera y cuyos resultados son muy satisfactorios. También hemos hecho grandes cosas en geología del cuaternario y retroceso de glaciares. Este año comenzamos una investigación interesante sobre el hielo y la evolución de contaminantes. Tenemos estudios sismológicos muy avanzados, de movimientos sísmicos, de placas, fumarolas, vulcanología, gracias a las investigaciones en la Isla Decepción.

B Mucho más tranquilo, con paz interior. Allí se desarrolla tremendamente un espíritu de colaboración hasta en las cosas más cotidianas, como a la hora de preparar el café. Los proyectos científicos allí son muy abiertos, es muy fácil intercambiar información, cosa nada habitual.

C Tengo la ventaja de que ya hay un rodaje de la base, y de que la gente que va está muy concienciada de lo que hay que hacer. Mi compromiso principal es que no le pase nada a ninguno de los 20 que vamos a estar allí repartidos en dos bases. Hasta ahora nunca ha habido un accidente importante. Tengo, además, una preocupación añadida: cinco búlgaros que van a estar en un refugio abandonado, a diez minutos en *zodiac* de nuestra base, y que nos han pedido colaboración. Es la preocupación de saber que hay cinco personas que van a estar cerca de ti en situaciones muy precarias.

Diploma superior de E.L.E.

Prueba 1

Ejercicio 2º **A**

COLUMNA A

| 4 | ¿Hay que mandar mucho en la isla Livingston? |

| 5 | ¿Cuáles son los principales peligros? |

| 6 | ¿Qué interés tiene una base en la Antártida? |

| 7 | ¿Cómo es la base? |

| 8 | ¿Quiénes son sus vecinos? |

| 9 | ¿Tienen muchos contactos con ellos? |

| 10 | ¿En qué aspectos científicos ha insistido más España o está más avanzada? |

COLUMNA B

D Sí, porque la Antártida es como un libro que hasta ahora nadie había abierto donde está escrita la historia de la Tierra, con sus etapas geológicas y climatológicas. Cuanta más gente vaya, más pistas se perderán.

E Por radio. Y sobre todo en fechas como Navidad.

F Un sueño. No creerte que estás allí. Pero la verdad es que esa sensación de sorpresa la tienes siempre que vuelves.

G Nuestra base es muy pequeña (en la Antártida, hay bases como la estadounidense de Mc Murdo que albergan varios cientos de personas). El presupuesto de la base para este año es de 150 millones, más el del buque Hespérides. Algo razonable, pienso yo. España no puede gastarse el dinero que no tiene. No aportamos unos medios extraordinarios, pero, a pesar de eso, la investigación científica que estamos llevando a cabo es de calidad y prestigia al país internacionalmente. No es un investigación espectacular, pero sí como para sentirnos orgullosos de ella.

H Modesta, cómoda y muy moderna. Gracias a eso, es una de las menos contaminantes con el entorno. Hay algunas, como las antiguas rusas, de los años cincuenta, que son un problema por los residuos que producen.

I A quince millas hay una base chilena. Y a unas ocho horas de navegación, en la Isla del Rey Jorge donde está el aeropuerto operativo todo el año, hay instaladas unas doce bases.

J Que se pierda alguien o que se caiga al agua.

(**Texto adaptado de El País**)

8. Moncho Vilas

Moncho Vilas, de 53 años de edad, es uno de los restauradores más conocidos fuera de Galicia. Por sus restaurantes de Santiago de Compostela han pasado desde el Rey de España a distintos presidentes de Gobierno. Conoce el gusto gastronómico de los políticos gallegos, de los que dice que "no son amigos de las grandes comilonas".

<u>COLUMNA A</u>   <u>COLUMNA B</u>

1	¿Qué va a votar?	**A**	Estoy muy orgulloso. Está mejorando mucho Galicia. Los peregrinos que vienen por aquí nos tienen en un concepto muy elevado y dicen que Galicia despertó de un largo sueño y que está tirando fuerte.
2	¿Qué imagen tiene de los políticos gallegos?	**B**	Con el percebe.
3	¿Son gente de buen comer?	**C**	No se llevan las mariscadas ni las grandes comilonas entre los políticos, porque cuando se sientan vienen a trabajar. Yo no los diferencio. Me imagino que la boca la tienen tan buena unos como otros.
4	¿Usted es capaz de diferenciar a un socialista de un popular por el menú que pide?	**D**	No lo creas. Cuando vienen a nuestra casa es para trabajar y hacen comidas ligeras y rápidas, no se dan grandes comilonas. Por ejemplo, Manuel Fraga a veces despacha mientras come, por lo que pide legumbres y pescado.
5	¿Con qué producto típico de Galicia asimila la figura de Xosé Manuel Beiras?	**E**	Ahí hay una equivocación. Hacer un plato elaborado no quiere decir que sea mejor, al llevar menos tiempo. A los productos gallegos de primerísima calidad hay que encontrarles el punto.
6	¿Por qué?	**F**	El voto es particular, aunque yo apuesto por el continuismo y no por el cambio.

COLUMNA A	COLUMNA B

7 | ¿Qué idea tiene de la autonomía de Galicia?

G | Buena. Yo trato mucho con todo tipo de políticos de Galicia.

8 | ¿La gastronomía gallega sigue basándose en la calidad de sus productos y en la poca elaboración?

H | Sí. Hoy la gente, aunque sea en el mes de agosto, te pide un lacón con grelos, el plato carismático de Galicia. Antes, con la castaña apenas se trabajaba, ahora tenemos un postre muy rico que es el marrón glacé. El pulpo y la empanada siguen siendo los platos más demandados, aparte, lógicamente, de los mariscos.

9 | ¿El auge de la autonomía rescató del olvido ciertos platos hasta ahora desprestigiados?

I | Porque es un marisco muy difícil de pescar y por su valor, puesto que no lo hay todo el año.

(Texto adaptado de *El País*)

9. El primer SEAT

En los años 50 se crea la Sociedad Española de Automóviles de Turismo (S.E.A.T.), que asociada con la F.I.A.T. saca al mercado el primer coche nacional: el *Seat 1.400.*

<table>
<tr><td align="center">COLUMNA A</td><td align="center">COLUMNA B</td></tr>
<tr><td>**1** El 1.400 fue el primer Seat que vio la luz. Desde entonces, han pasado 40 años en los que España ha cambiado en todos los aspectos:</td><td>**A** contra la dictadura de Franco ha remitido ya y se firman los primeros acuerdos internacionales.</td></tr>
<tr><td>**2** y otros muchos etcéteras que incluyen el grado de motorización.

El primer Seat 1.400 salió de la factoría de Zona Franca apenas se cumplieron los tres años de la construcción de SEAT, con mayúsculas. La creación de esta sociedad, cuyo nombre respondía a las iniciales de Sociedad Española de Automóviles de Turismo, fue una propuesta del Instituto Nacional de Industria aprobada por el Consejo de Ministros con fecha del 9 de mayo de 1.950.</td><td>**B** con un nivel de conocimientos superior al de sus colegas de tiempos más recientes,</td></tr>
<tr><td>**3** Los responsables de la industria española en aquellos momentos habían fallado en su intento de ofrecer a los españoles un coche popular. Se había pretendido que la Empresa Nacional de Autocamiones S.A. (ENASA) se hiciera cargo del cometido, pero su director técnico, el genial ingeniero Wilfredo Ricart, un hombre formado en Alfa Romeo, desarrolló un magnífico deportivo de altísimas prestaciones,</td><td>**C** Esto la convierte en la más veterana de las marcas que fabrican en España en la actualidad.</td></tr>
<tr><td>**4** Por eso, ante la dificultad que tenía la creación de un producto autóctono, los fundadores buscaron en Europa un socio que aportara la tecnología y el modelo que ellos querían. El escogido fue Fiat, que estaba teniendo éxito en la motorización de Italia, país en muchos aspectos semejante a España,</td><td>**D** a base de vehículos de baja cilindrada, muy populares.</td></tr>
<tr><td>**5** La marca italiana aceptó la oferta, entrando con un 6% en la compañía, en la que el INI controlaba el 52%.

El primer Seat se encontró casi sin rivales en las carreteras españolas. Por la época sólo circulaban por ellas coches supervivientes de la Guerra Civil,</td><td>**E** y el que España se hubiera quedado fuera del Plan Marshall.</td></tr>
</table>

Diploma superior de E.L.E.

Prueba 1

COLUMNA A

6 La falta de repuestos había hecho que los mecánicos de la época,

7 tuvieran que retocar los motores de todos aquellos coches para mantenerlos en marcha. Y la excepción eran algunos coches modernos, normalmente muy caros, que habían sido importados en la posguerra por los recomendados del todopoderoso ministro de Comercio, Manuel Arburúa.

La irrupción en la vida española del Seat 1.400 se corresponde con un cambio en la sociedad española. Se cerraron los ojos

8 luchar por ese bienestar que mostraba el cine, la distracción mayoritaria en aquel momento. El bloqueo internacional

9 Primero el concordato con la Iglesia Católica, después, el acuerdo con Estados Unidos para la ayuda económica y militar. Una forma de suplir el rechazo a la solicitud de admisión a la OTAN

10 El nacimiento del 1.400 marcó también el principio de un plan de infraestructuras. El año 1.953 fue

COLUMNA B

F con veinte o más años a sus espaldas y llenos de remiendos.

G de una "pertinaz sequía" que llevó al Gobierno a poner en marcha un plan quinquenal para tratar de solucionar el problema.

En la industria, considerando que el 1.400 va a poder solucionar sólo una mínima parte de la demanda de vehículos a motor, empresarios particulares tratan de hacerse con un puesto en el sector. Aquel año se presentó también el Eucert.[…]

H a las consecuencias políticas de la Guerra Civil y se comenzó a

I régimen político, nivel económico, social, educación cívica,

J pero inadecuado para la realidad del país.

(Texto adaptado de *El Mundo*)

10. Lanzarote, la luna fértil

Una de las islas del archipiélago canario, desértica, lunar. Visitarla es encontrarse entre el infierno y el paraíso.

<table>
<tr><td colspan="2" align="center">COLUMNA A</td><td colspan="2" align="center">COLUMNA B</td></tr>
<tr>
<td>1</td>
<td>Azotada históricamente por piratas y conquistadores, devastada por el fuego de los volcanes,</td>
<td>A</td>
<td>algunos de los cuales conservan el calor suficiente para encender astillas de madera,</td>
</tr>
<tr>
<td>2</td>
<td>Hoy se enfrenta a un nuevo reto: conservar su identidad y su equilibrio ecológico. En su paisaje lunar, inhumano, el trabajo del hombre, "milagro" de siglos, ha logrado fructificar la tierra. Un breve recorrido a través de la isla permitirá literalmente al viajero pasar del infierno al paraíso.

De "paisaje inhumano" calificaba, no hace mucho tiempo, un viajero esta tierra lanzaroteña, la más oriental de las islas del archipiélago canario, constituida por los volcanes y castigada, hace poco más de un siglo y medio (1.824),</td>
<td>B</td>
<td>o como el del "horno" volcánico en el que se asa pescado, hacen las delicias de los turistas.</td>
</tr>
<tr>
<td>3</td>
<td>En el Parque Nacional de Timanfaya se abren más de cuarenta cráteres,</td>
<td>C</td>
<td>Lanzarote -741 km.² de superficie, 40.000 habitantes- ha sobrevivido a cada catástrofe.</td>
</tr>
<tr>
<td>4</td>
<td>en uno de esos "números" medio volcánicos, medio circenses que, como el "geiser" artificialmente provocado a base de echar cubos de agua sobre tubos de hierro calentados en estas brasas naturales,</td>
<td>D</td>
<td>pero que está a punto de hacerlo.</td>
</tr>
<tr>
<td>5</td>
<td>Llamada Capraria en la antigüedad, la isla parece deber su nombre a un caballero italiano de nombre Lancelot que la visitó a primeros del siglo XIV. A mediados de la centuria se tiene constancia de que marinos vascos llegaron a ella y entraron en contacto con los indígenas guanches.</td>
<td>E</td>
<td>donde se han edificado el hotel y el complejo de apartamentos más adecuados al entorno.</td>
</tr>
</table>

COLUMNA A

6 El conquistador Bethencourt pasó, según se cree, por Lanzarote en 1.405 y parece ser que a él se debe la existencia de dromedarios en la isla, y en la de Fuerteventura,

7 llevó consigo a algunas parejas de estos animales que hoy montan los turistas para sus excursiones por los desolados campos de lava.
   Isla sin agua,

8 esta carencia ha condicionado la típica arquitectura lanzaroteña. Las construcciones encaladas de forma cúbica tienen siempre un aljibe próximo a la casa donde se recoge el agua de la escasa lluvia. El suelo que rodea el pozo está también construido con una ligera inclinación, a fin de ampliar al máximo la superficie recolectora de agua.
"Los Campurrios"
   Los expertos en la planificación del ocio dicen que Lanzarote no se ha abierto del todo al turismo,

9 Aprovechamos, pues, estos tiempos para arribar a la isla antes de que -si César Manrique no lo remedia- proliferen las urbanizaciones de dudosa inspiración popular.
   Conviene explicar, de pasada, que a César Manrique -"arquitecto del paisaje" le han llamado- se debe, en gran parte, el mantenimiento del equilibrio urbanístico y natural en estos parajes. También el Cabildo hace cuanto puede por la ecología, y tanto tesón ha llegado a contagiar a la empresa propietaria de la zona turística de Teguise,

10 Afortunadamente, los atentados urbanísticos son la excepción. Costas e interior de Lanzarote ofrecen la armonía, fuertemente contrastada, de blancos edificios y suelo ocre o marrón, el mar de tonos cambiantes, las playas doradas del sur. Y siempre, en el horizonte,

COLUMNA B

F la silueta de las montañas de fuego, los volcanes, que todavía estremecen el recuerdo de los campesinos o *campurrios*.

G en la que los hoteles necesitan contar con sus propias plantas potabilizadoras de la del mar,

H Todavía hay un pueblo llamado Arrieta que podría ser recuerdo del apellido de alguno de estos antiguos colonizadores.

I por una erupción que destruyó los pueblos que habían sobrevivido a la de 1.730.

J porque, habiendo emprendido una expedición a la vecina costa africana,

(Texto de JULIO GARCÍA CASTILLO, adaptado de la revista *Viajar*)

11. El Tango

Su cadencia y movimientos hacen que encierre toda la sensualidad del pueblo rioplatense.

<table>
<tr><td align="center"><u>COLUMNA A</u></td><td align="center"><u>COLUMNA B</u></td></tr>
<tr><td>**1** El traje azul oscuro, la camisa blanca, la corbata a tono, el chaleco marcándole el abdomen, los zapatos lustrados y la puntilla de un pañuelo asomando por el bolsillo superior de la chaqueta. El cabello pulcramente echado hacia atrás y endurecido con gomina, la espalda contra la barra, un vaso de vino tinto en la mano derecha y</td><td>**A** la mujer responderá al cabeceo con una sonrisa y se pondrá de pie.</td></tr>
<tr><td>**2** y el índice de la izquierda.
En el salón Mariano Acosta, en la primera planta de un edificio que dobla la esquina formada por la avenida Rivadavia y</td><td>**B** la calle que da su nombre a la pista de baile,</td></tr>
<tr><td>**3** un hombre espera que acabe la tanda de música tropical. Entonces, clavará sus ojos en los de alguien al borde de una de las mesas de madera, en el otro extremo de una habitación cuyas luces de colores y las enormes bolas de papel plateado</td><td>**C** el cigarrillo apretado entre el pulgar</td></tr>
<tr><td>**4** Aunque sus visitantes de la noche de los sábados tengan poco que ver con un ambiente prefabricado.
En ese momento, cuando desde los altavoces, con sonoridad estereofónica, se deje oír el primer gemido de un bandoneón estirando su fuelle, el hombre buscará otra mirada, dejará el vaso, apagará el rubio con filtro y, sin alardes pero con firmeza,</td><td>**D** moverá secamente la cabeza hacia un lado,</td></tr>
<tr><td>**5** en una flexión casi imperceptible pero suficiente.
La blusa con flores rojas, rosas y blancas sobre un pálido fondo amarillo,</td><td>**E** que giran colgadas del techo pretenden transformar en discoteca moderna.</td></tr>
<tr><td>**6** y facilitar los movimientos al bailar, el pelo corto, castaño claro, peinado con sencillez pero en la peluquería, un maquillaje suave que resalta los ojos, pendientes de plata y un par de pulseras en cada muñeca. Con los antebrazos apoyados sobre la mesa,</td><td>**F** la falda negra con cierta amplitud para disimular un par de kilos de más</td></tr>
</table>

COLUMNA A

7 Julián y Nelly no se conocen, pero tampoco necesitarán presentarse. Él la esperará en el medio de la pista, con el pañuelo enganchado entre los dedos de su mano izquierda para secar el sudor y los dos se tomarán de la cintura,

8 Afuera, tras de los enormes ventanales, Buenos Aires come hamburguesas con *catchup,* se agolpa en la estanterías de los videoclubs e

9 Adentro, ellos aguardarán que la orquesta escondida en la *cassette* con cinta de cromo les marque con fuerza un compás, y cuando Julián presione levemente la cintura de Nelly, estirarán simultáneamente una pierna. Él la izquierda, ella la derecha,

COLUMNA B

G mirándose apenas.

H y mirando al infinito, comenzarán el sublime rito de bailar un tango.

I intenta salvar de una vez la eterna crisis económica.

(Texto de RUDOLF CHISTEANSCHI, adaptado de la revista *Geo*)

12. Informe: Chiapas

Un grupo de indígenas mejicanos trata de levantarse contra el poder instituído, haciendo una revolución con características propias.

COLUMNA A

1 ¿Cuál es el significado que hoy damos a la palabra revolución? ¿Utopía? ¿Anacronismo? ¿Falsa quimera? ¿Manipulable ideal? Desde nuestro enclaustrado eurocentrismo desempolvamos el término de los libros de historia y

2 de cada una de ellas. Conclusión: No podemos ver más que los intereses de una clase social por hacerse con el poder en beneficio de los suyos. Quizás por ello, cuando nos llegan ecos de tal o cual revolución en un país alejado de nuestras latitudes, hacemos

3 Algo así como: "Pobres ilusos. ¡Si supieran que después de tanto luchar van a seguir igual que antes!".
   Pero tal grado de escepticismo sólo alcanzaría la categoría de anécdota si no fuera porque las correas de transmisión que mueven la opinión de las gentes -léase los medios de comunicación- son las primeras en adoptar esta postura cómoda y manipuladora:

4 en descontextualizar un hecho histórico y maximizar la anécdota del momento.
   Pero basta ya. En tan sólo unos meses los indígenas mexicanos han conseguido salir de un silencio que desde los tiempos de la Conquista comparten con la miseria, la explotación, la muerte y la represión a la que estaban sometidos. Y todo ello por decreto *democrático* del Partido Revolucionario Institucional. El primer logro del levantamiento indígena ha sido conseguir, de forma natural y espontánea, la libertad de expresión en los medios de comunicación.

COLUMNA B

A los medios de comunicación y ganarse la simpatía de todo el mundo desde el principio.

B con el desencanto que nos caracteriza recogemos el protagonismo burgués

C que todo un país reaccionara ante la realidad en que vive; que los corruptos gobernantes se sentaran a negociar con un pueblo del que ha ignorado su existencia si no ha sido para sacarle provecho. […]

D caso omiso y se extiende una *vox populi* entre compasiva y frustrante.

COLUMNA A

5 No se equivoquen. Aquí no se trata de remitir a la figura del buen salvaje, de salir en defensa del *pobrecito* indio en unos tiempos en los que está de moda

6 para que el mundo pudiera oírlas. A su vez, la actual coyuntura internacional -no hay URSS, no hay Cuba, no hay intervencionismo en la sombra- les ha permitido levantarse en plena libertad e independencia. De abajo a arriba, sin ningún tipo de interferencia. Y eso nos hace ver

7 ni tampoco con Europa. Es la primera revolución totalmente americana.
    A diferencia de las revoluciones al uso, es una revolución hecha con ironía, ritual y poesía que ha sabido manejar

8 Los indígenas mexicanos no se han alzado para conseguir el poder sino para obtener un respeto y una dignidad como seres humanos que hasta ahora tenían negados. Con un solo gesto han conseguido que su voz se oyera de una vez por todas: que México despertara de un letargo genocida: que los *papeles*, hasta entonces silenciados, airearan la verdad:

COLUMNA B

E todo eso que llaman étnico, ni tan siquiera de hacer apología de revolución alguna. Simplemente cabe ceñirse a la realidad de un pueblo hastiado de tanta injusticia; palabras, desnudas, pesan más que todo el plomo que les han obligado a utilizar

F aún más claro que esta revolución no tiene nada que ver con el marxismo,

G Una acción que ya por sí sola permite considerar victoriosa su campaña.

H en silenciar todo aquello que no interesa bajo el pretexto de que no vende;

(Texto de PERE PONS, adaptado de la revista *Ajoblanco*)

13. ¡Hay que civilizarlos!

Todo pueblo conquistado ha visto cortada su evolución natural, convirtiendo en hipótesis imposibles de demostrar, lo que pudo haber sido de ellos si la historia les hubiese reservado otras páginas.

COLUMNA A	COLUMNA B
1 Corría el año 1.483 y los marinos portugueses pasaban sus días navegando por las costas africanas en busca de un camino alternativo hacia la India. Uno de ellos, Diego Cao, al tropezar con el estuario del río Congo, decidió enviar a varios de sus hombres de exploración, aguas arriba. Sin embargo, temiendo que no volvieran con vida,	**A** podía exigir un humanitarismo inexistente en la propia Europa. Las diferentes monarquías luchaban ferozmente
2 sorprendidos desde las playas y emprendió regreso a Portugal. Según los testimonios, aquellos primeros habitantes del África subsahariana que pisaron la Península Ibérica recibieron un trato exquisito y, al volver al Congo durante el segundo viaje de Cao, se deshicieron en alabanzas hacia el cristianismo y el estilo de vida portugués. Los contactos iniciales entre Europa y los pueblos de continentes donde	**B** la evolución económica y social había alcanzado un menor grado de desarrollo fueron
3 un dechado de civilidad y buenas maneras, pero en poco tiempo casos como el descrito se convirtieron en rara excepción. Por regla general, los cuatro siglos siguientes fueron testigos de encuentros más violentos,	**C** el mejor ejemplo de barbarie y crueldad que podía exhibir la humanidad. No obstante, y sin pretender ocultar los rasgos de extrema violencia que adquirió la entrada del hombre blanco en América y África en el siglo XVI,
4 el de los nativos. Y en esta aseveración no caben distinciones ni de un lado ni de otro. Todos los países conquistadores -Portugal, España, Inglaterra, Francia, Holanda, Bélgica y Alemania- utilizaron, de algún modo, la explotación, la humillación o directamente la muerte	**D** en los cuales las mayores desgracias caían siempre hacia el mismo lado:
5 Por su parte, puede afirmarse, sin duda, que no hubo comunidad indígena que se mantuviera	**E** de las herramientas de hierro, las armas de fuego y, en muchos casos, hasta la rueda, fue sufriendo modificaciones al mismo ritmo

COLUMNA A

6 En África, América, Australia, Indonesia o Filipinas, cada pueblo conquistado, dominado o, simplemente, puesto en relación con el hombre blanco,

7 de cultura generación tras generación y, sobre todo, vio cortada su evolución natural. Muchos pasaron directamente del neolítico -y aún del paleolítico-, al renacimiento o la revolución industrial, convirtiendo en hipótesis imposibles de demostrar lo que pudo haber sido de ellos si la historia les hubiese reservado otras páginas.
Desde finales del XV hasta las primeras décadas del XX, el *descubrimiento* de pueblos primitivos se convirtió en un acontecimiento habitual. Pero el modo de acercamiento a esas gentes desconocedoras

8 que cambiaban el pensamiento y los intereses europeos. Durante muchos años, aquellos primeros choques culturales constituyeron

9 sería un error juzgar la política de hace 400 años con ojos contemporáneos. A los conquistadores, hijos de una oscura y represiva Edad Media que estaba dando sus últimos coletazos, no se les

10 por ampliar sus dominios y garantizar a sus cortes el mayor lujo posible, mientras que, por su parte, las jerarquías eclesiásticas ejercían sus ambivalentes influjos bendiciendo cualquier misión cuya meta fuese ganar

COLUMNA B

F para allanar el camino a sus necesidades expansionistas.

G inmune tras su contacto con los europeos.

H tomó algunos rehenes entre los hombres de tez oscura que les miraban

I a sus causas fieles y propiedades y considerando hereje e impuro todo aquello que no coincidiera con su pensamiento.
La Inquisición había dejado una impronta lacerante y las guerras sacudían constantemente el continente.[…]

J perdió buena parte de sus rasgos identificatorios, fue dejando jirones

(**Texto adaptado de la revista *Muy Especial***)

14. Geografía culinaria de Cataluña

La cocina recoge lo que la tierra y el clima, ayudados por la mano del hombre, son capaces de dar.
Cataluña nos ofrece la gran diversidad de su cocina.

COLUMNA A

1 Uno de nuestros clásicos contemporáneos, Josep Pla, dijo con mucho acierto que la cocina es "el paisaje en la cacerola". Efectivamente, es un paisaje formado por la tierra y el clima, domesticado por el hombre y marcado por la historia lo que destila en los platos. Josep Mercader, un lúcido cocinero que había mantenido largas conversaciones con Pla, diferenciaba, desde el punto de vista geográfico,

2 *Estas tres cocinas se encuentran distribuidas por todo el territorio.*
La cocina de mar, la del pescado, es la de platos más sutiles que tienen, a menudo, su origen en la cocina cotidiana de los pescadores.

3 Ésta es la cocina más variada, por la gran diversidad de pescados que en ella intervienen habitualmente, y también la más variable, a causa del irregular comportamiento del mar. Riqueza y fluctuaciones son fácilmente observables, tanto en los mercados, tiendas y pósitos de pescadores como en las cartas de los restaurantes.
En el polo opuesto a la cocina marinera

4 la de los refinamientos austeros y convincentes: trucha de río, jabalí, rebeco, setas, embutidos, densos cocidos, arroces con carne, etcétera.
La cocina de las zonas que se encuentran entre

COLUMNA B

A Aquí se añaden a los recursos propios los que provienen del intercambio con

B el mar y la montaña, la del llano y, especialmente, la de las llanuras ricas que

C tres tipos de cocina: la de mar, la de montaña y la del llano.

D está la de montaña. Es la más sobria, la más limitada en recursos,

52

COLUMNA A

5 se hallan cerca del mar, como el Camp de Tarragona, el Penedés, el Vallés y el Ampurdán es la que ofrece más riqueza, la más estable, opulenta y confortable.

6 el mar y la montaña cercanos y eso se ve favorecido por una densidad de población estable importante y por la vida mercantil. El Ampurdán, que inspiró a Josep Mercader esta idea generalizable, es un claro ejemplo de ello.

El paisaje culinario es, sin embargo, mucho más complejo. La irregularidad de esta tierra hace

COLUMNA B

E que la idea de las tres cocinas sea una simplificación que debe matizarse y ampliarse. Se trata, efectivamente, de una geografía montañosa, con una costa amplia a la que descienden, en cascada, los valles del interior.[…]

F Este origen humilde es, ciertamente, una pequeña paradoja.

(**Texto de LLORENÇ TORRADO**, adaptado de la revista *Catalonia*)

 **Prueba 2: Expresión escrita**

Parte 1: Carta formal

- Redacte una carta de 15 a 20 líneas.
- Comience y termine la carta como si ésta fuera real.

Opción 1.

El hotel ibicenco "35", que se dedica exclusivamente a un turismo juvenil con edades que no rebasen la cifra señalada, necesita para la temporada veraniega animadores y organizadores de actividades de entretenimiento y diversión. Se requieren: personalidad abierta y comunicativa, formación artística (música, baile, mimo, teatro) y dominio hablado de los idiomas español, inglés y alemán. Las condiciones económicas son francamente ventajosas.

Envíe una carta al Sr. Peña, jefe de personal, ofreciéndose para el puesto. Adjunte curriculum vitae en el que se indiquen sus méritos profesionales y cualidades personales, así como su experiencia si la tuviera.

Opción 2.

Redacte una carta a partir del tema que se le propone utilizando el tono y estilo adecuados:

Al abrir un bote de mermelada se ha encontrado usted una mosca dentro. Indignadísimo/a, decide escribir a la Asociación de Consumidores explicando el caso, dando todo tipo de información sobre el producto en cuestión, y pidiendo que se tomen medidas legales contra el fabricante.

Opción 3.

Redacte una carta a partir del tema que se le propone utilizando el tono y estilo adecuados:

Después de un trabajo estresante se va un mes de vacaciones a una isla, pero a los tres días le sobreviene una alergia en la piel no lo suficientemente grave como para interrumpir sus días de descanso. Envíe un fax a su médico de confianza preguntándole qué tipo de medicamentos debe tomar, dieta que debe seguir, etc.

Opción 4.

Se ha enterado por un anuncio en el periódico de que una editorial muy conocida solicita traductores de español. Es un trabajo que le interesa especialmente.

Escriba una carta ofreciendo sus servicios y pidiendo información sobre las condiciones laborales.

Diploma superior de E.L.E.

Prueba 2

Opción 5.

En televisión existe un programa que ayuda a buscar a personas desaparecidas. Su esposo/a desapareció sin dejar rastro hace seis años un día que salió a comprar tabaco. Cree que este programa puede ser su última esperanza de encontrarlo/a.

Escríbales y no olvide incluir datos como descripción física, carácter, edad, ropa que llevaba...
Puede apuntar también posibles causas de su desaparición, lugar donde podría estar...

Opción 6.

Usted cree que ese negocio que tiene en mente podría reportar grandes beneficios. Lo ha estudiado con detalle y está seguro de que sería un éxito. Necesita dinero para la inversión inicial. Ha pensado en un antiguo amigo. Sería el socio ideal.

Escríbale, cuéntele su proyecto y convénzalo. ¡Es un negocio redondo!

Opción 7.

Un amigo le ha escrito proponiéndole participar en un negocio que a usted le parece irrealizable. Piensa que su amigo se ha dejado llevar un poco por su natural fantasía y optimismo. Usted es más realista, conoce más el mercado, la crisis económica por la que atraviesa el país...

Escríbale rechazando amablemente su oferta y haciéndole ver la inviabilidad del plan.

Opción 8.

Este año la cosecha de naranja en su país se ha perdido por causas climatológicas. Usted es un importador de esta fruta y el país necesita importar grandes cantidades de este producto para hacer frente a la demanda.

Escriba una carta a la empresa española CÍTRICOS S.A., solicitando la fruta deseada. Especifique forma de envío, fecha del mismo, cantidad, forma de pago, etc. No olvide utilizar el tono y estilo adecuados.

A Prueba 2: Expresión escrita

Parte 2: Redacción

• •

 Escriba una redacción de 15 a 20 líneas.

Opción 1.

Los tejados de las casas están muy cerca los unos de los otros pero... ¡qué distantes están los corazones de los hombres en las grandes ciudades!

Escriba un artículo para un periódico sobre el tema de la soledad en la sociedad moderna.

Opción 2.

Escriba una redacción sobre el tema siguiente:

En la era de la tecnología y de la energía nuclear, la brujería y la magia siguen siendo prácticas frecuentes en sectores de la población más amplios de lo que imaginamos. Exprese su opinión al respecto por medio de un escrito en el que indique:

> a) razones por las que se acude a estas prácticas;
> b) postura personal ante ellas;
> c) algún caso concreto que usted conozca;
> d) breve conclusión.

Opción 3.

Hay una frase que dice: "El que escucha la música como debe, siente que su soledad se hace sonora y se puebla de presencias".

¿Qué significa para usted la música? ¿Y para la sociedad en general?
Escriba una redacción sobre este tema.

Opción 4.

Escriba una redacción sobre el tema que se propone:

¿Quedan muy lejos aquellos tiempos en los que un agente del orden podía detener a una pareja por besarse en público?
Hoy en día se siguen clausurando exposiciones fotográficas o censurando películas por atentar contra la moral.
Exponga su opinión sobre el papel del Estado como salvaguarda de la moral pública.

Prueba 2

Parte 2

Opción 5.

Escriba una redacción sobre el tema que a continuación se propone:

Compañeros, colaboradores, tiernos, divertidos... Hablamos de animales: gatos, perros, palomas, chimpancés, conejos de indias... Y ya que mencionamos a estos últimos, ¿cuál es su opinión sobre la utilización o el sacrificio de animales en nombre de la tradición, el arte, la ciencia o el progreso?

Opción 6.

Comente por escrito el tema que a continuación le proponemos:

Hace unos años tuvo una relación hermosa y apasionada (de ésas que dejan un buen recuerdo en la memoria) que la excesiva juventud rompió. El azar ha hecho que coincidan en un congreso y aunque cada uno ha rehecho su vida... ¿Cómo ha sido el encuentro? ¿Qué impresión le ha causado?

Opción 7.

Van a ejecutar a un condenado a muerte por un infanticidio. Ha confesado la autoría del crimen y se tienen pruebas contundentes de ello. Es usted periodista y está a favor / en contra de la pena de muerte.

Escriba un artículo para un periódico defendiendo o atacando la decisión de llevar a cabo dicho castigo.

Opción 8.

Los últimos descubrimientos de la Biología Genética, la evolución en el campo de la fecundación *in vitro*, etc., plantean una nueva problemática sobre la relación entre la ética y los límites de la investigación científica y su aplicación.

Comente por escrito su opinión al respecto.

Diploma superior de E.L.E.

57

B. Comprensión auditiva y expresión oral

Prueba 3a: Comprensión auditiva

Prueba 3b: Expresión oral

Ejercicio 1: Opiniones
Ejercicio 2: Imágenes

Prueba 3 a: Comprensión auditiva

B 🔊

• •

Esta sección consta de trece textos. Oiga dos veces cada uno. Después debe usted contestar a las preguntas que se le formulan. Hay dos modalidades de pregunta: Primer tipo: V ☐ F ☐. Segundo tipo: Selección de una respuesta entre tres opciones.

1. El Escorial. Entrevista a Fernando Marías, profesor de la Universidad Autónoma de Madrid.

	V	F

1. El Escorial no es, como muchos historiadores piensan, simplemente un monumento funerario, sino un edificio plurifuncional… ☐ ☐

2. Se fundó el convento por la necesidad de albergar a los frailes encargados del culto funerario… ☐ ☐

3. El colegio y seminario de religiosos tenía como función autoabastecer a los frailes para que rezasen hasta la eternidad… ☐ ☐

4. El monasterio pertenecía a la Orden de los Jerónimos… ☐ ☐

5. La corte española fue durante un tiempo itinerante*… ☐ ☐

6. El origen del palacio se explica por la costumbre de los reyes españoles de establecerse dentro de los monasterios, especialmente en los de la Orden Jerónima… ☐ ☐

7. Se debate el tema de que los frailes, además de dedicarse a la oración, hubieran llevado a cabo trabajos de investigación en la biblioteca… ☐ ☐

* Itinerante: Ambulante

2. Catecismos americanos. Entrevista a Luis Resines, investigador.

1. Las dificultades que surgieron en la difusión de la fe cristiana se debieron, según Luis Resines:
   a) al fuerte impacto que supuso el contacto entre la cultura europea y las americanas y por otra parte, a los planteamientos religiosos tan distintos que existían entre esos dos mundos culturales.
   b) a los violentos enfrentamientos que surgieron entre la cultura europea, monoteísta, y el politeísmo americano.
   c) a la violencia que utilizaron en un principio los españoles para sustituir los símbolos religiosos y formas de vida indígenas por los modos de vida europea del siglo XVI.

2. En cuanto al uso de las armas en el proceso de evangelización:
   a) los religiosos, a pesar de su intención pacífica, se vieron obligados por el poder político, al que estaban fuertemente vinculados en esta época, a la utilización de armas contra los indios.

b) L. Resines opina que los misioneros no recurrían al uso de las armas, en un primer contacto, sino únicamente como defensa contra los ataques de los indios.

c) la presentación del Evangelio se llevó a cabo en lugares donde no habían llegado los conquistadores, por lo cual, casi no fue necesaria la fuerza al no haber hostilidad por parte del indio.

3. Los misioneros estaban más cerca de los indios que el resto de los españoles:

a) porque compartían con los indios la inquietud ante la presencia española.

b) entre ellos, sólo Las Casas se atrevió a defender a los indios ante los abusos de que eran objeto.

c) por eso muchos misioneros apoyaron a los indios.

3. Entrevista a Jorge Palencia, miembro del Frente Farabundo Martí para la Liberación Nacional de El Salvador.

1. Los acuerdos realizados en Nueva York y ratificados en Méjico pretenden:

a) desmilitarizar el país quitándoles poder económico a las fuerzas armadas y a la oligarquía.

b) restarle poder económico a la oligarquía desmilitarizándola.

c) abrir un proceso de desarrollo económico descentralizando las fuerzas armadas del país.

2. El proceso no es fácil:

a) los presentimientos que tenían se están cumpliendo a través de la O.N.U.

b) todavía el ejército tiene una actitud represiva.

c) el gobierno junto con las fuerzas armadas sigue cumpliendo neciamente los acuerdos.

3. Conviene que no haya marcha atrás en los acuerdos:

a) para que la burguesía moderna se desarrolle económicamente en ellos.

b) porque la paz puede hacer que la producción se sienta afectada.

c) para obtener la paz necesaria que llevará a una democracia popular.

4. Entrevista a José María Mújica, portavoz y director de la revista O.C.U. (Organización de Consumidores y Usuarios).

	V	F
1. Las vacaciones se están convirtiendo en una necesidad, sobre todo para los que viven en las grandes ciudades.	☐	☐
2. En general, la gente ha aceptado y comprendido los motivos de política económica que obligaron a subir el precio de la gasolina.	☐	☐
3. La O.C.U., a pesar de que según la ley representa a los consumidores y usuarios, es ignorada continuamente y no recibe respuestas válidas.	☐	☐

Diploma superior de E.L.E.

	V	F
4. Al consumidor español le gusta mucho protestar pero pocas veces reúne la documentación necesaria para poder realizar una reclamación eficaz.	☐	☐

5. Programa "Intercultura"

1. Durante los Juegos Olímpicos:
   a) se ha puesto de moda la información voluntaria.
   b) han florecido muchas organizaciones de voluntarios.
   c) la gente ha sido informada sobre lo que significa ser voluntario.

2. La misión de Intercultura es:
   a) que los chicos puedan ir a un país extranjero a estudiar.
   b) que los chavales vivan con su familia.
   c) que los españoles puedan ir a setenta países.

3. Intercultura se creó en E.E.U.U.:
   a) en los años 40.
   b) en los años 50.
   c) por personas de 40 años.

4. Hay agencias que se dedican a enviar estudiantes a E.E.U.U. para:
   a) hacer un curso escolar y aprender la lengua.
   b) sólo para para practicar la lengua.
   c) convalidar después la lengua que han estudiado.

5. El programa "Intercultura":
   a) no se ocupa sólo de que los alumnos aprendan la lengua, sino también de darles una formación integral.
   b) se ocupa también de que las familias que los reciben aprendan la lengua de éstos.
   c) trata de despertar el interés de las familias que tienen más de un hijo.

6. Algunos chicos ven la lengua como:
   a) una asignatura interesante para comunicarse.
   b) una asignatura más, no como un medio de comunicación.
   c) medio para adquirir un vehículo.

7. Algunas de las características que se deben reunir para participar en este programa son:
   a) haber cumplido 15 años y no pasar de 18 años.
   b) estar entre los 18 y 25 años porque se es más duro.
   c) ser maduro para no tener muchas manías.

6. Los escarabajos peloteros. Entrevista a Luis Miguel Domínguez, naturalista.

	V	F
1. Es interesante observar la simetría con que los escarabajos peloteros construyen castillos en la arena, casi como una cremallera.	☐	☐
2. Estos insectos trabajan durante la noche transportando bolas y vuelan por el día.	☐	☐
3. La cantidad de tierra que mueve este tipo de escarabajo es tres veces mayor que la de un obrero.	☐	☐
4. El aspecto duro y fornido de este insecto recuerda a Schwarzenegger.	☐	☐
5. Para ocultarse, aterriza en las semillas de unas plantas herbáceas que abundan en la zona de Gandía.	☐	☐

7. Tierra de Campos. Entrevista a Jesús Torbado, escritor.

1. Tierra de Campos:
    a) es un distrito administrativo de la zona norte española.
    b) es una región prácticamente desconocida en la actualidad.
    c) es una comarca constituída por las provincias de Palencia, Valladolid, Zamora y León.

2. Por lo que respecta a la agricultura de la zona:
    a) se sigue manteniendo el cultivo de cereales sin ninguna modificación fundamental.
    b) como la plantación de girasol se ha revelado inútil, se están concediendo subvenciones para paliar el problema.
    c) está dejando de ser la región cerealista que era por tradición.

3. Históricamente:
    a) fue cuna de personajes ilustres.
    b) tradicionalmente fue habitada por los godos.
    c) ninguna persona ilustre nació en Villalón de Campos.

4. Desde el punto de vista artístico:
    a) aunque los pueblos cuentan todavía con iglesias de gran mérito, los objetos de valor en su mayoría ya no se encuentran allí.
    b) en Paredes hay cuatro catedrales de las que dos se están dejando arruinar.
    c) una de las torres de Paredes, convertida en un silo de trigo, se podría vender para solucionar el problema de la empresa SEAT.

Prueba 3 a

8. Industria farmacéutica. Entrevista al Dr. D. Luis Villanueva.

1. El locutor declara que:
   a) la Asociación Internacional de la Salud ha interpuesto una denuncia contra la industria farmacéutica.
   b) según la Asociación Internacional de la Salud las mujeres son más susceptibles que los hombres a la publicidad de la industria farmacéutica.
   c) la Asociación Internacional de la Salud ha acusado a la industria farmacéutica de publicidad indebida.

2. En opinión de Catherine Hopkin:
   a) las mujeres padecen más que los hombres de efectos secundarios provocados por determinados tratamientos.
   b) en España, a los hombres se les recetan menos somníferos que a las mujeres.
   c) la mujer consume el triple de medicamentos que los hombres.

3. Según el Dr. Villanueva, la mujer en la menopausia:
   a) tiende a comprar medicamentos muy caros y generalmente poco efectivos.
   b) es impulsada a comprar algunos medicamentos cuya eficacia está por determinar.
   c) llega incluso a inyectarse o esnifar drogas.

9. La cabra montés. El regreso de la especie.

1. La caza de la cabra montés:
   a) es una tradición montañera.
   b) afecta fundamentalmente a los machos en las épocas de celo.
   c) no se debe a la epidemia de sarna.

2. Gamos y muflones:
   a) pagaron las consecuencias de la difícil situación en que se encontraban las cabras monteses.
   b) junto con los patos fueron las víctimas de la campaña para salvaguardar a las cabras. *
   c) amenazaban el hábitat de las cabras pues eran portadores de la sarna.

3. La enfermedad se manifiesta:
   a) en el ganado doméstico, las cabras monteses y los depredadores.
   b) en menos de un mes a partir de la infección.
   c) con fiebre, picores, caída de pelo y úlceras, 15 ó 20 días desde su transmisión.

4. La cabra se organiza:
   a) formando rebaños mixtos cuando el espacio es restringido.
   b) formando rebaños separados de machos, hembras jóvenes y crías.
   c) formando rebaños con organización social cuando los espacios son reducidos.

10. La Pseudo-ciencia. Entrevista a Félix Ares, presidente de la Asociación Alternativa Racional a la Pseudociencia.

	V	F
1. La implantación de la pseudo-ciencia es la razón de la creación de la asociación.	☐	☐
2. Son falsas aproximaciones científicas porque utilizan adecuadamente el método científico sin comprender el lenguaje de la ciencia.	☐	☐
3. La creación de la asociación tiene como base el dar la voz de alarma.	☐	☐
4. La asociación plantea una batalla que rompa la lanza del sentido común.	☐	☐

11. Andalucía. Entrevista a Javier Bocerga, jefe del servicio de Fomento y Comercialización Turística de Andalucía.

1. De Andalucía se puede decir:
   a) que es una excelente comunidad turística.
   b) que se la conoce sólo superficialmente.
   c) muy pocas cosas nuevas.

2. Con respecto a la edición de *Andalucía y América*:
   a) el Sector de Turismo ha tachado de esta guía algunos aspectos triviales y poco serios de la realidad.
   b) Turismo pretende que sea un aliciente para que se visite y conozca Andalucía desde otra óptica diferente.
   c) es un intento de acercamiento a América dando a conocer un nuevo prisma de las vinculaciones entre ambas zonas del Atlántico.

3. En relación con el turismo en Andalucía:
   a) la escasez de infraestructuras no posibilitaba el acceso y conocimiento de zonas de Andalucía fuera de determinados núcleos turísticos.
   b) el turismo se desarrolló en la Costa del Sol porque esta zona disponía de mayor oferta de sol y playa que la costa atlántica.
   c) la Secretaría de Turismo está esforzándose por crear las infraestructuras que permitan promocionar el turismo-aventura en la costa atlántica y otras zonas de la Comunidad más desconocidas.

Diploma superior de E.L.E.

Prueba 3 a

12. Fonocarta de Julio Cortázar, escritor, a Julio Bada.

1. Julio Cortázar afirma que:
   a) todo lenguaje contiene la historia general del lenguaje.
   b) todo lenguaje contiene la historia en general.
   c) no hay ningún lenguaje histórico en Latinoamérica.

2. El idioma español en América Latina:
   a) ha adquirido señas de identidad propias en cada uno de los países latinoamericanos.
   b) no se diferencia sustancialmente del hablado en España, salvo en Venezuela y Argentina.
   c) apenas ha evolucionado desde la Conquista.

3. Las literaturas latinoamericanas:
   a) no tienen diferencias notables entre ellas.
   b) forman una unidad claramente diferenciable frente a la literatura peninsular.
   c) están teñidas de elementos indígenas.

4. El español peninsular es tributario:
   a) de una convulsiva historia.
   b) de una evolución histórica tan lenta como las de los países de América Latina.
   c) de un proceso histórico menos agitado que el de los países latinoamericanos.

13. Entrevista a Ernesto Sábato, escritor.

1. El jurado compuesto por destacadas personalidades del mundo de la cultura reconoció:
   a) que en el protagonista de *Sobre héroes y tumbas* se recogen todas las contradicciones de todos los hombres.
   b) que el autor es un ensayista con grandes contradicciones espirituales y metafísicas.
   c) que el autor es un ensayista y narrador que ha sabido recoger las contradicciones espirituales de todos los hombres.

2. A Ernesto Sábato le han hecho famoso tres novelas: *El túnel, Sobre héroes y tumbas y Abaddón el exterminador*. La razón de su sobriedad radica:
   a) en que su obra es muy exigente, por lo que el autor en las dos últimas estuvo a punto de arrojarse al fuego.
   b) en que el autor es muy exigente y con frecuencia arroja sus obras al fuego.
   c) en que el autor es muy exigente, razón por la cual estuvieron a punto de ser arrojadas al fuego sus dos últimas obras.

3. Sábato ha declarado que:
   a) todo escritor aparece en sus novelas.
   b) el escritor aparece en sus obras cuando son novelas de novelas.
   c) él aparece mezclado entre los diferentes personajes de *Abaddón*.

B Prueba 3 b: Expresión oral

Ejercicio 1: Opiniones

A continuación tiene usted diez ejercicios; en cada uno de ellos encontrará tres opiniones y usted debe escoger una de ellas y defender su punto de vista. El tiempo de que dispondrá será de 10 a 15 minutos.

Ejercicio 1º

1. Aún hoy son muchos los adeptos a la teoría de que los matrimonios acordados y sin amor son los que mejor funcionan: si no hay pasión, no hay conflictos y sí un mayor entendimiento. Sea cierta o no esta afirmación, el caso es que las agencias matrimoniales, sucesoras de los casamenteros, crean parejas a las que, según aseguran, les va muy bien.

2. El físico no es definitivo para triunfar como mujeriego: guapos y fornidos como J. F. Kennedy o el mitológico Zeus causaron furor entre el sexo femenino, pero también Sartre, que era bizco, feo y bajito.

3. La riqueza es fungible, inestable, inaferrable. Dura un suspiro. Su tendencia a transformarse en estado gaseoso obliga a las personas que la poseen a vivir continuamente en un ay, a dormir con el ojo abierto, a no ser que quieran arruinarse inexorablemente.

Ejercicio 2º

1. Son muchos los que reprochan o culpan a la sociedad actual y sus normas de empujar a los jóvenes a la bebida. A pesar de que cada vez se bebe más, opino que el beber ha sido desde tiempo atrás una etapa más de experimentación, disfrutada en la adolescencia por muchos jóvenes y superada felizmente en la madurez por la mayoría de ellos.

2. Nunca he estado convencida de que la juventud sea un divino tesoro ni que el ser joven sea fantástico. Creo que la adolescencia es un horror, el colmo de la ignorancia y encima, últimamente, fatua y grosera, que es lo peor. No hay adolescente mejor que aquel que sabe quedarse calladito, observa a sus mayores y no se mete en donde no lo llaman.

3. Se afirma que hoy todos los padres aspiran a que sus hijos salgan de su casa. Por el bien de ambos: de los mayores, que han de hacer una vida más serena; de los menores, porque es ley que abandonen el nido y el cubil, vuelen y se alimenten por sí mismos. Yo no estoy seguro, a pesar de ello, de desear que mi hijo me deje. Pero acaso hacerlo adicto a mí, como si fuera yo una droga o un último recurso salvador, lo empequeñecería.

Ejercicio 3º

1. El estrés es ya, desde hace unos años, una de las grandes secuelas del desarrollo. La competitividad, la falta de comunicación y tiempo libre son las causas principales de ello. Lo sorprendente es que algunos científicos defienden que un poco de estrés es bueno para la salud. Pero, ¿cómo llegar a la medida adecuada sin sobrepasarse?

66

Diploma superior de E.L.E.

2. Los objetores de conciencia deben hacer el servicio militar como los demás. Últimamente todos los jóvenes buscan excusas para no servir a la patria. La unidad y defensa nacional hacen necesaria la existencia de un ejército en el que todos debemos participar.

3. De acuerdo, el ejercicio físico es necesario para la salud, pero si yo tengo que trabajar ocho horas diarias, más dos horas que necesito para trasladarme al trabajo, cuando llego a casa lo que realmente me hace falta es alguien que me abanique.

Ejercicio 4º

1. La introducción de algunos países en el libre mercado está creando un gran índice de paro; con ello aumentará la delincuencia, lo que supone que la crisis social por la que atravesamos alcanzará cotas inauditas.

2. Nosotras, las mujeres de hoy, nos gastamos una fortuna en cosméticos. Todos los meses algo se nos termina y tenemos que reponerlo. La mujer de antes sólo se ponía en la cara agua clara.

3. Creo que los medios de comunicación como la radio y televisión deben ser estatales. Es la mejor forma de no sentirse perdido ante información contradictoria. Al fin y al cabo es la información que nos da un gobierno elegido por nosotros.

Ejercicio 5º

1. No, no estoy de acuerdo con la enseñanza gratuita en los países en vías de desarrollo. Pienso que sólo debe serlo para aquellos estudiantes cuyos padres no tengan recursos económicos suficientes. Esto impediría que la enseñanza se degradara por falta de presupuesto.

2. A mí que no me digan, pero como el perro no hay otro animal: es cariñoso, fiel, buen acompañante, y excelente guardián, por eso no puedo entender que haya hoteles que no permitan su entrada y nos obliguen a separarnos de ellos.

3. Nosotros preferimos las películas dobladas aunque se pierda la voz del actor. Los subtítulos nos obligan a concentrarnos en su lectura, y perdemos los detalles de la escena que son fundamentales para captar el ambiente de la película.

Ejercicio 6º

1. Las películas de intriga, los famosos *thriller*, son apasionantes. Me siento trasladada a un mundo lleno de tensión y escapo así de la rutina diaria. Yo pediría más películas de este tipo en la programación semanal de televisión.

2. La bicicleta es la solución al tráfico y contaminación de la ciudad. Todo el mundo debería circular por el centro urbano con este medio de locomoción, cualquier otro medio debería estar prohibido.

3. Nuestra alimentación es muy deficiente. Las vitaminas y minerales se hacen necesarios para completarla. Las tiendas naturistas se convierten así en el "otro supermercado" al que debemos acudir por lo menos una vez al mes.

Ejercicio 7º

1. Semana tras semana anuncian infinitas cremas de belleza, casi todas con precios abusivos y capaces de rejuvenecer al propio Tutankamón. Las señoras, además de la jornada laboral y las tareas domésticas, hemos de hidratarnos, nutrirnos, relajarnos, tonificarnos, exfoliarnos, evitar el choque térmico y el estrés. ¿No creen que el estrés nos lo van a producir ustedes con tanto cosmético?

2. Los domingos son agujeros negros que nos enfrentan a nuestra realidad provocándonos un gran desasosiego, cuyo punto culminante se halla en la sensación de que nada hacemos ni creamos.

3. Yo, que entre otras cosas ejerzo de ama de casa, mientras plancho una de la interminable serie de camisas de mi marido pienso en la descoordinación que existe entre científicos, investigadores, etc., y los diseñadores de moda. Estos últimos insisten en los tejidos naturales, pero su trato entraña: desde no poderse lavar en lavadoras sino a golpe de biceps, hasta tener que pasar heroicas veladas de plancha. Todo esto se contradice con el perfil de la mujer moderna.

Ejercicio 8º

1. Las cosas han cambiado, o eso es lo que dicen, en materia de sexo. Se supone que hoy en día la mujer es tan libre como el hombre en eso de lanzar una cana al aire. Craso error. Ellas siguen buscando sentimientos mientras ellos sólo placer.

2. Mi casa la tengo amueblada a la última, con muebles modernos, ligeros y cómodos. Detesto los muebles antiguos, hacen las casas oscuras y me da la sensación de estar viviendo con mi tatarabuela.

3. Nosotros, como profesores de esperanto, creemos que ésta es la lengua del futuro. Si todos los pueblos estudiaran esperanto, existiría una lengua común por encima de las nacionalidades.

Ejercicio 9º

1. Aunque para las grandes distancias el método de transporte más común es el avión, en mi familia preferimos el tren. Lo consideramos más cómodo, más barato, te deja en la ciudad, puedes llegar cinco minutos antes de su salida, y a veces atraviesa zonas que son una maravilla.

2. Creo que en mi país viven demasiadas personas de otras naciones y su presencia es un factor bastante negativo de cara al futuro, un futuro ya demasiado inseguro como consecuencia de la crisis económica y del desempleo. La entrada indiscriminada de inmigrantes fomenta los extremismos políticos, la xenofobia y el racismo.

3. Digan lo que digan, estoy a favor de que los enfermos y portadores del SIDA tengan el derecho a conservar en secreto su estado. Si se hiciera del dominio público, se convertirían en los leprosos de nuestra era.

Ejercicio 10º

1. Ahora está de moda todo lo *light*: bebidas *light*, comida *light*, cigarrillos *light*, yo no sé hasta qué punto esto es un comercio o miran por nuestra salud, pero... ¿qué podemos hacer los que aprendimos a saborear nuestros helados, pasteles, etc., con toda su grasa?

2. ¿Ha muerto la pasión? Dicen los psicólogos que el deseo sexual inhibido (DSI), ha atacado a los hombres y mujeres occidentales, y es el problema que con más frecuencia se plantea en las consultas. ¿A qué se debe?

3. Los jóvenes de hoy son muy materialistas, lo único que les interesa es el dinero. Eligen su profesión dependiendo del éxito económico que puedan tener, sin importarles en absoluto su formación humanística.

B Prueba 3 b: Expresión oral

Ejercicio 2: Imágenes

 A continuación verá usted una serie de fotografías, relacionadas con arte, ecología, turismo, trabajo, deportes, transporte, espectáculos y mercado. Observe estas fotografías y haga una descripción de cada una de ellas. Además les proponemos unas sugerencias o preguntas para conversar sobre cada fotografía en particular.

1. Tema general de conversación: Conservación y mantenimiento del pasado histórico.
Ventajas e inconvenientes de vivir en el casco antiguo de una ciudad.

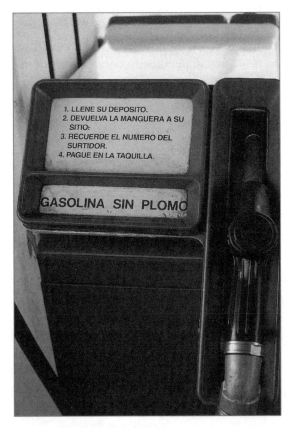

1. LLENE SU DEPOSITO.
2. DEVUELVA LA MANGUERA A SU SITIO.
3. RECUERDE EL NUMERO DEL SURTIDOR.
4. PAGUE EN LA TAQUILLA.

GASOLINA SIN PLOMO

2. Imagínese qué ocurriría si de pronto se extinguiera la gasolina en el mundo.

3. Tenerife: ¿De qué manera influye el turismo en la economía de un país y en las costumbres de sus gentes?

4. El camping es para algunos una forma económica de veranear en contacto con la naturaleza, para otros incómodo. ¿Con qué postura se siente usted más identificado?

5. La plena incorporación al mundo del trabajo de la mujer es un hecho. Defínanos el tipo de mujer empresaria.

6. Háblenos del deporte como espectáculo: carreras ciclistas, baloncesto, fórmula 1...

7. A pesar de los medios de transporte rápidos como el Metro, la vida en las grandes ciudades conlleva una gran pérdida de tiempo. Compare este tipo de vida acelerada con otros ritmos más pausados: vida en el campo, pequeñas ciudades, etc.

8. ¿Acabará el vídeo con las salas de proyección? Ventajas e inconvenientes de ver películas en vídeo.

B Prueba 3 b

Ejercicio 2

9. Compare el sistema de mercado al aire libre con otros tipos de venta y señale sus aspectos positivos y negativos.

10. Aquí tiene una muestra de arquitectura contemporánea. Comente las diferencias y similitudes existentes entre ella y la arquitectura tradicional de su país.

Diploma superior de E.L.E.

C. Gramática y vocabulario

. . . .

Prueba 4: Gramática y vocabulario

Sección 1: Texto incompleto

Sección 2: Selección múltiple
   Ejercicio 1: Expresiones y vocabulario
   Ejercicio 2: Gramática

Sección 3: Detección de errores

Prueba 4: Gramática y vocabulario

Sección 1: Texto incompleto

• •

 Complete los siguientes textos eligiendo para cada uno de los huecos una de las tres opciones que se le ofrecen.

1. La pastilla

Empecé a desconfiar de aquella pastilla de jabón al comprobar que no se gastaba con el **(1)**. La había comprado en la **(2)** de siempre y era de la marca que suelo utilizar **(3)** hace años. Todo en ella parecía tan familiar que tardé dos semanas en **(4)** que no cambiaba de **(5)**. Pasé de la sorpresa a la preocupación cuando, tras espiar su comportamiento durante algunos días, me pareció que empezaba a crecer. Cuanto más la usaba, más crecía. **(6)** mis parientes y amigos empezaron a decir que me notaban más delgado. Y era verdad, la ropa **(7)** venía ancha y las cejas se me habían juntado por efecto de un encogimiento de la piel. Fui al médico y no me encontró nada, pero certificó que, **(8)** efecto, estaba perdiendo masa corporal. Aquel **(9)**, mientras me lavaba las manos antes de acostarme, **(10)** con aprensión la pastilla y comprendí de repente que se alimentaba de mi cuerpo. La solté como si se hubiera convertido en un sapo y me metí en la cama turbado por una **(11)** de inquietante extrañeza.

Al día **(12)** la envolví en un papel, me la llevé a la oficina y la coloqué en los lavabos. A los pocos días vi que la gente **(13)** a disminuir. Mi jefe, que era muy menudo y tenía la costumbre de lavarse las manos **(14)** vez que se las estrechaba una visita, desapareció del todo a los dos meses. Le **(15)** su secretaria y el contable. En la empresa se comenta que han huido a Brasil para **(16)** algún desfalco.

La pastilla ha crecido mucho. Cuando haya desaparecido el director general, que además de estar gordo es un cochino que se lava muy poco, la **(17)** al water y tiraré de la **(18)**. Si no se diluye **(19)** el camino, se la comerán las ratas cuando **(20)** las alcantarillas. Seguro que nunca les ha llegado un objeto comestible con tanto cuerpo.

Texto de JUAN JOSÉ MILLÁS. (Adaptado de *El País*)

1.	a) empleo	2.	a) mercería	3.	a) desde			
	b) uso		b) jabonería		b) durante			
	c) abuso		c) perfumería		c) después de			
4.	a) enterarme	5.	a) talla	6.	a) Cuando			
	b) advertir		b) altura		b) Entretanto			
	c) dar cuenta		c) tamaño		c) Aunque			
7.	a) le	8.	a) por	9.	a) momento			
	b) se		b) en		b) segundo			
	c) me		c) de		c) día			
10.	a) miraba	11.	a) suerte	12.	a) próximo			
	b) había mirado		b) manera		b) después			
	c) miré		c) desgracia		c) siguiente			
13.	a) se ponía	14.	a) toda	15.	a) continuaron			
	b) empezaba		b) cada		b) siguieron			
	c) llegaba		c) una		c) seguían			

Diploma superior de E.L.E.

Prueba 4

Sección 1

16. a) perpetrar
    b) ordenar
    c) exigir

17. a) arrojaré
    b) expulsaré
    c) impeleré

18. a) cinta
    b) cuerda
    c) cadena

19. a) por
    b) con
    c) hacia

20. a) alcance
    b) agarre
    c) se aproxime

2. Silencio en la noche

Una de cada cinco personas ronca **(1)** duerme, y aunque es más frecuente en el varón a **(2)** de los cincuenta años, este problema puede afectar sin distinción de edad a ambos sexos. Supone para quien lo padece no sólo un posible conflicto de convivencia, **(3)** un reflejo de una oxigenación insuficiente y de un sueño de mala calidad. El ronquido está producido por la vibración a que se somete al velo del paladar en la inspiración bucal. Durante el sueño, esta mucosa se relaja y, **(4)** estar tumbados, la fuerza de la gravedad ayuda a que **(5)** hacia atrás.[…]

Pero roncar no **(6)** significa ruido; el estrechamiento que tiene lugar por el obstáculo del velo hace más difícil la respiración, **(7)** a inspirar cada vez con más intensidad. Se crea así un círculo vicioso que incrementa el ronquido al **(8)** que disminuye la oxigenación. Finalmente la persona se despierta **(9)** sensación de asfixia, cansada, somnolienta y con dolor de cabeza.

Cualquier obstrucción nasal favorece el ronquido, pues se intenta compensar esta deficiencia abriendo la boca para respirar. Por esta **(10)**, se han desarrollado unos dispositivos de plástico, que se venden en farmacias, que separan las aletas de la nariz mejorando **(11)** la ventilación durante la noche. **(12)** también un preparado **(13)** base de plantas que consigue, mediante la aplicación de dos gotas en cada orificio de la nariz antes de acostarse, mantener la humedad propia de estas mucosas y así disminuir la frecuencia de los ronquidos y atenuar el nivel de ruido. La homeopatía, por su **(14)**, consigue la remisión del ronquido en un 85% mediante pulverizaciones nasales.[…] Tanto el alcohol como los tranquilizantes incrementan la movilidad del velo del paladar, por lo que los roncadores deberían **(15)** de ellos. También tendría que evitarse el sobrepeso, ya que reduce el espacio libre de la faringe por la grasa que se forma en la cara y cuello de los obesos.

Texto de ANTONIO HURTADO. (Adaptado de *El País dominical*)

1. a) entretanto
    b) mientras
    c) cuanto

2. a) entorno
    b) esto
    c) partir

3. a) sino
    b) pero
    c) más

4. a) con
    b) al
    c) para

5. a) haya caído
    b) cayera
    c) caiga

6. a) tampoco
    b) sólo
    c) ciertamente

7. a) exigiendo
    b) obligando
    c) ordenando

8. a) instante
    b) tiempo
    c) contrario

9. a) con
    b) de
    c) en

Prueba 4

10. a) excusa
     b) razón
     c) explicación

11. a) sensitivamente
     b) sensiblemente
     c) dramáticamente

12. a) Existe
     b) Está
     c) Es

13. a) con
     b) a
     c) según

14. a) interés
     b) lugar
     c) parte

15. a) escindir
     b) prescindir
     c) rescindir

3. La soledad era esto

Todos los días, cuando arreglo el dormitorio, veo en la casa de enfrente a una mujer que se **(1)** a la ventana para limpiar con **(2)** el alféizar. Resulta incomprensible, pero **(3)** esta acción absurda todos los días **(4)** la misma hora, como si en ello le **(5)** la vida. Y seguramente le va, porque quizá piense que si se **(6)** a la pereza acabará en la calle buscando hombres que no conoce. También yo he **(7)** obsesiones de ese tipo, pero me he desprendido de ellas, a pesar del empeño de mi madre. Y al desprenderme de ellas quizá me he **(8)** sin identidad porque en todos estos ritos limpiadores **(9)** la posibilidad de ser una misma. Pero mi madre no sólo me transmitió eso, porque al mismo tiempo realizó un sueño **(10)** mi niñez y me proveyó de una antípoda que en el otro extremo del mundo se debate, como yo, entre **(11)** a lo que llaman realidad o levantar una realidad propia en la que retirarse a vivir. En otras **(12)**, mi madre me mostró el estrecho pasillo y las mezquinas habitaciones por las que **(13)** discurrir mi existencia, pero al mismo tiempo me dio un mundo para soportar ese encierro o para hacerlo **(14)** en mil pedazos. Me dio todo lo bueno y todo lo malo al mismo tiempo y confusamente mezclado, pero me dejó su butaca y su reloj: la butaca para que me **(15)** a deshacer la mezcla; y el reloj para medir el ritmo de la transformación.

Son las doce. He tomado un café que me ha sentado fatal y ahora tengo náuseas. Voy a recoger un poco la cocina.

Texto de JUAN JOSÉ MILLÁS. (Adaptado de *La soledad era esto*. Ed. Destino)

1. a) asoma
    b) sale
    c) inclina

2. a) ambición
    b) actitud
    c) furia

3. a) actúa
    b) ejecuta
    c) ejerce

4. a) a
    b) por
    c) en

5. a) era
    b) fuera
    c) estuviera

6. a) concede
    b) conduce
    c) da

7. a) padecido
    b) superado
    c) concitado

8. a) restado
    b) quedado
    c) dejado

9. a) contenía
    b) incluía
    c) residía

10. a) por
     b) con
     c) de

11. a) acoplarse
     b) emparejarse
     c) adoptarse

12. a) partes
     b) ocasiones
     c) palabras

13. a) debería
     b) tendría
     c) habría

14. a) restañar
     b) estallar
     c) dividir

15. a) empezara
     b) sentara
     c) fuera

Prueba 4

4. Invitar al jefe a casa es una buena oportunidad para mejorar la imagen y promocionarse en la empresa

Invitar al jefe a cenar en casa en vez de en un restaurante es el (1) que dan todos los ejecutivos acostumbrados a (2) tácticas. "Lo importante es tocar la fibra sentimental del (3)". En Estados Unidos lo practican muy bien, porque le invitan a él y a su mujer, les enseñan la casa, algunas fotos de los niños y en las bandejas está servida la especialidad (4) de la mujer de la casa. Con (5) ello se consigue que los invitados se (6) con los anfitriones.

Además, de esta forma, se evitará la siempre complicada elección de un restaurante, ya que si es caro el jefe pensará que al empleado le (7) el dinero, y si es barato estará incómodo.

Siguiendo estos consejos, la velada había sido preparada con (8) y dedicación, que es lo que más aprecian los superiores. Empezando por el día, un jueves por la noche, para evitar el cansancio del lunes, el fútbol del miércoles y romper los (9) del fin de semana, y siguiendo con la excusa para el festejo, que no (10) otra que la buena cocina de la que se presumía en la casa, todo estaba previsto.

Y como lo importante es captar al jefe, una vez sentados a la mesa, (11) con buen gusto sin grandes lujos, el tema de conversación más adecuado para romper el hielo es la gastronomía. Platos y más platos culinarios desfilan por la mesa abriendo el apetito de los (12), preparados ya a degustar la cocina casera. "Una comida que no tiene que (13) fuerte", señala Pilar Sánchez-Cano Ojeda, directora de la escuela de imagen y protocolo empresarial Sussombras.

Con los tenedores en las manos, habrá que centrar la charla (14) las aficiones del director, sin olvidar que su mujer también existe, porque para los empleados es importante (15) con su confianza en todo momento.

(Texto adaptado de *El País*)

1. a) asesoramiento
   b) consejo
   c) detalle

2. a) semejantes
   b) parecidas
   c) sinónimas

3. a) superior
   b) supremo
   c) adelantado

4. a) cocinera
   b) alimentaria
   c) culinaria

5. a) casi
   b) parte
   c) todo

6. a) hayan sensibilizado
   b) sensibilizan
   c) sensibilicen

7. a) sobra
   b) sobre
   c) sobraría

8. a) detalle
   b) esmero
   c) escrúpulo

9. a) planos
   b) esbozos
   c) planes

10. a) era
    b) fuera
    c) estaría

11. a) establecida
    b) dispuesta
    c) determinada

12. a) comestibles
    b) contendientes
    c) contertulios

13. a) estar
    b) ser
    c) saberse

14. a) en
    b) por
    c) con

15. a) asegurarse
    b) contar
    c) medir

Diploma superior de E.L.E.

79

5. Dejaré de fumar

Tras mucha meditación y escasa decisión, **(1)** aplazar mil y una vez el día con la típica frase "a partir del lunes", desde hace un tiempo he dejado de fumar; aunque aún impera el miedo a volver a caer, hay una honda satisfacción dentro de mí. Será que cuando nos proponemos algo, basándolo en nuestra propia voluntad, sin quererlo, podemos dejar al **(2)** nuestra impotencia. Por eso, a veces la mejor manera de no manifestarla es no buscar retos que la provoquen.

Es por esto que ahora -y quizás a mucha gente le parezca nimio el motivo- estoy contento; primero, por poder, y después, porque **(3)** realmente harto de que me mirasen mal en los ascensores si por un descuido entraba con el pitillo encendido; de que mi madre dijese, con razón, que el ambiente se hacía insoportable; en mi trabajo, porque parecía que estaba esclavizando a la señora de la limpieza, **(4)** vaciar mi cenicero tantas veces que, irónica, me preguntaba: "¿Va a fumar usted más hoy?"; en mi coche, porque el que sufría el tabaco era yo mismo, aunque no me mirase mal.

Dejaré de fumar sabiendo lo que le costamos a la Seguridad Social, lo que cuesta nuestro absentismo laboral, nuestras visitas médicas causadas por el tabaquismo, las horas de trabajo perdidas, los incendios provocados, lo que costamos **(5)** salud a los fumadores pasivos que nos soportan, algunos con muy poca delicadeza, por no decir con grosería; otros, sin embargo, con **(6)** estoicismo.

Pero también dejaré de fumar sin saber los beneficios económicos que le hemos reportado al Estado, el dinero que he generado desde el estanco hasta la tienda de artículos para el fumador, los médicos y curanderos que se habrán enriquecido a **(7)** de soluciones mágicas para los que no confían en su fuerza de **(8)**, lo que se habrá movido en el patrocinio de carreras de motos, coches, conciertos de rock, en espectáculos de todo tipo, con los beneficios amasados a costa de los fumadores, los diseñadores que han pensado en el encendedor como algo bello, los noviazgos y las amistades que se habrán creado por encender un cigarrillo, las paces que se **(9)** en torno a una pipa, lo hombres que alguna vez nos sentimos por fumar.

Y dejaré de fumar también sabiendo que, aunque nocivo, era algo que podía hacer cuando quería, y dejaré de fumar, por tanto, sin saber con certeza si en realidad pierdo un placer, gano salud o libertad, o, como se dice ahora, "calidad de vida". En cualquier caso, no quiero volver a fumar, y quiero animar a los que, como yo, quieren dejarlo; a los que tanto les cuesta y dicen: "Yo no puedo" querer es **(10)**; a los que llevan tiempo sin fumar, para que sigan; a los que no fuman, para que no empiecen; a todos, no fuméis, es verdad que perjudica. Yo me encuentro mucho mejor.

(**Texto adaptado de** El País)

1. a) después b) al c) tras	2. a) descarnado b) descubierto c) destape	3. a) estuve b) estaba c) había estado
4. a) hacerla b) haciéndola c) hacerle	5. a) en b) por c) para	6. a) importante b) grande c) gran
7. a) costa b) favor c) contra	8. a) poder b) voluntad c) ánimo	9. a) firmarán b) habrán firmado c) habrían firmado
10. a) tener b) poder c) saber		

Prueba 4

Sección 1

6. Fin de semana

Por fin viernes. Había tenido una semana difícil en el trabajo. Su jefe, que (1) con la moral baja por no sé qué líos, llevaba quince días (2) pegar ojo; un cliente alemán se puso intransigente con el plazo de entrega de un informe y con que si la formalidad es la formalidad y, para (3), su secretaria tuvo que faltar dos días, porque al mocoso de su hijo no se le había ocurrido otra cosa que coger las paperas. Condenado a jornadas de 11 horas, logró (4) sobrevivir. Ahora ya era viernes y, ante la ventana de su recién estrenado despacho en la flamante Torre Picasso […] se extendía una vista maravillosa: una inmensa hilera de coches cargados con papás y niños (5) silenciosamente la terrorífica ciudad en busca del fin de semana perfecto.

Repasó tranquilamente su agenda y decidió que en las próximas 60 horas el mundo era suyo. El tesoro que buscaba (6) en la c: Carla, una chica despampanante, amiga de no sé quien que había llegado huyendo de Italia (7) busca del paraíso de la modernidad. (8) seis meses en Madrid y ya se conocía todos los bares de modernos, todas las tiendas de diseño y casi todos los platós de rodaje. Era modelo, se arrastraba por las calles con un inmenso *book* debajo del brazo y, naturalmente, estaba como un (9). La presa perfecta para un fin de semana sin compromisos. La (10) a cenar en un restaurante de lujo, hablarían alegremente de la vieja Roma - en realidad, él solamente había estado allí una vez un par de días, por una cosa de la oficina, pero para eso estaban las películas -, a la salida se irían a tomar una copa al Hanoi y luego... Dios dirá.

Texto de ALBERTO ANAUT. (Adaptado de *El País*)

1.	a) andaba	2.	a) por	3.	a) máximo	4.	a) finalmente
	b) anduvo		b) sin		b) límite		b) en fin
	c) andaría		c) en		c) colmo		c) en paz

5.	a) se cruzaban	6.	a) estaba	7.	a) en	8.	a) Llevó
	b) cruzaban		b) encontraba		b) por		b) Había llevado
	c) habían cruzado		c) era		c) de		c) Llevaba

9.	a) tren	10.	a) invitó
	b) tranvía		b) invitase
	c) trolebús		c) invitaría

7. El eterno masculino

El afeitado es un arte y una ciencia que el hombre practica desde la más remota antigüedad. Los (1) de afeitado más antiguos se han encontrado en las excavaciones de Egipto y Babilonia y (2) de hace más de 4.000 años. Pero los hombres primitivos, como demuestran algunas pinturas (3), ya utilizaban unos rudimentarios útiles, como conchas de almejas, dientes de tiburón o cuchillos de piedra. Este último ha (4) a través de los siglos, hasta que en 1762 un sastre francés, Jean-Jacques Perret, inventó la primera afeitadora mecánica. Un siglo después, en 1895, un canadiense de nombre Gillette inventó la maquinilla de seguridad con (5) recambiables.

Todas las mañanas (y alguno también todas las tardes) el hombre se (6) con su rostro (7) el espejo e inicia un ceremonial que tiene sus propios ritos y su propio ritmo. Para cada hombre es distinto: desde el maniático de gestos rápidos y preciosos hasta el hedonista meticuloso y lento.

A este sacrosanto momento el hombre (8) dedica a lo largo de su vida 140 días, o, lo que es lo mismo, seis meses. Muchas horas para cortar los 20.000 pelos que cubren la mitad de su (9). Este pelo es semejante al cabello, pero su médula es más amplia y está recubierta de escamas aplanadas e irregulares; su diámetro varía de 0,1 a 0,27 milímetros y (10) alrededor de 0,5 milímetros al día, pero no lo hace de forma erecta, (11) ligeramente torcida.

Diploma superior de E.L.E.

81

Los pelos más gruesos (12) al bigote. (13) que sean los gestos que se realicen y las armas que se elijan, todos los hombres coinciden en el deseo de un buen afeitado, y esto (14), además de la propia habilidad, de una buena maquinilla y unos buenos productos. Esta elección, por supuesto, es ante todo una cuestión (15) gusto, pero también depende del (16) de piel y de las condiciones de la barba.

(Texto adaptado de *El País*)

1. a) aperos
    b) utensilios
    c) artefactos

2. a) fechan
    b) vienen
    c) datan

3. a) campestres
    b) rupestres
    c) rurales

4. a) desarrollado
    b) evolucionado
    c) transformado

5. a) láminas
    b) filos
    c) hojas

6. a) afronta
    b) afrenta
    c) enfrenta

7. a) ante
    b) delante
    c) contra

8. a) se
    b) le
    c) lo

9. a) cutis
    b) tez
    c) rostro

10. a) incrementa
     b) crece
     c) avanza

11. a) pero
     b) más
     c) sino

12. a) corresponden
     b) consisten
     c) comprenden

13. a) Cualquiera
     b) Cualesquiera
     c) Quienesquiera

14. a) varía
     b) resulta
     c) depende

15. a) por
     b) de
     c) con

16. a) color
     b) tipo
     c) aspecto

8. Eterno Femenino

Me psicoanalizaban unas chicas
guapísimas, muy altas y muy fuertes,
con (1) de valquirias o amazonas.
Iban todas con gafas y (2) blusas
muy blancas, gentilmente descotadas,
y faldas negras, mínimas, de cuero,
y pelo recogido, y labios gordos
que decían "(3)" a cada instante.
Cuadernos y bolígrafos en (4),
parecían atentas a la historia
banal que yo, implacable, (5) contaba,
emocionado ante su complacencia.
Les hablé de mi vida (6) el punto
de vista que juzgué más favorable
para mí, (7) suelen hacer todos
los que hablan de su vida, subrayando
las acciones heroicas y (8)
los vicios, las traiciones y los crímenes.

Concluido el (**9**), comenzaban
a desnudarse cuando, de repente,
se me ocurrió que tanta maravilla
no era real, que en algo tan estúpido
y cruel como que alguien (**10**) nota
de tus jactancias y tus abyecciones
no podían tomar (**11**) unas damas
tan guapas como aquéllas. De manera
que opté por escapar. Cerré los ojos,
me encomendé a mi madre y a mi novia
y, (**12**) el diván, salté al vacío.

Texto de LUIS ALBERTO DE CUENCA. (Adaptado de *El hacha y la rosa*. Ed. Renacimiento)

1.	a) pintura b) pinta c) imagen	2.	a) de b) en c) con	3.	a) comerme b) comerte c) comedme
4.	a) ristre b) rastro c) ristra	5.	a) las b) les c) la	6.	a) de b) desde c) con
7.	a) como b) que c) cual	8.	a) comiendo b) omitiendo c) cortando	9.	a) ditirambo b) sermón c) discurso
10.	a) toma b) tomaba c) tome	11.	a) lugar b) participación c) parte	12.	a) dejé b) dejando c) dejaré

9. Llenan siete camionetas con el botín de una anciana cleptómana

Un total de siete camionetas (**1**) que ser utilizadas por la Policía británica para (**2**) el enorme botín encontrado en la vivienda londinense de una anciana cleptómana de setenta y nueve años.

El (**3**), que dejó atónitos a los (**4**), fue posible (**5**) la detención de la mujer, que fue sorprendida a la salida de una tienda de (**6**), de la que se llevaba veinticuatro prendas de vestir.

En concreto el fruto de la dilatada "carrera" de robos ejercida por la anciana (**7**) lo largo de diecisiete años de actividad, (**8**), según informaba la Prensa londinense, en 448 pares de zapatos, 418 sombreros, 749 blusas, 1.370 pañuelos, 332 collares, diez pelucas y un extintor de incendios.

Todos estos objetos estaban esparcidos (**9**) su apartamento, cuyas habitaciones, excepto la cocina, se encontraban completamente abarrotadas de las mencionadas prendas, que habían sido (**10**) formando verdaderas montañas que (**11**) llegaban a alcanzar el techo.

Por ello, (**12**) la dificultad para (**13**) a la vivienda y requisar los objetos robados para después confeccionar una lista de los mismos, fue necesario que siete agentes de la Policía y otros quince empleados trabajaran de forma ininterrumpida (**14**) veinticuatro horas.

Así, formando una especie de cadena humana, las prendas eran sacadas del apartamento de la anciana e (**15**) en los camiones dispuestos por la Policía para ello. (**16**) dar una idea de la magnitud del botín, señalar que al final de la (**17**) jornada siete de estos vehículos estaban completamente llenos.

Fuentes policiales han señalado que aunque la anciana fue detenida no irá a la cárcel, ya que tras someterla a varios exámenes médicos, los (18) han considerado su cleptomanía como una enfermedad.

Al parecer, la mujer adquirió el hábito de (19) de lo ajeno tras el fallecimiento de su marido, debido al fuerte (20) emocional que le causó la pérdida de este ser querido.

(Texto adaptado de ABC)

1. a) tenían
   b) tuvieron
   c) tendrían

2. a) transportar
   b) trasplantar
   c) transferir

3. a) encuentro
   b) hallazgo
   c) invento

4. a) miembros
   b) públicos
   c) agentes

5. a) después
   b) tras
   c) en

6. a) confecciones
   b) lanas
   c) géneros

7. a) en
   b) durante
   c) a

8. a) era
   b) trataba
   c) consistía

9. a) en
   b) por
   c) dentro

10. a) acumuladas
    b) amasadas
    c) acaparadas

11. a) todavía
    b) incluso
    c) además

12. a) explicada
    b) controlada
    c) dada

13. a) acudir
    b) acceder
    c) venir

14. a) por
    b) durante
    c) en

15. a) incrustadas
    b) insertadas
    c) introducidas

16. a) Para
    b) Sin
    c) Al

17. a) plena
    b) intensa
    c) insistente

18. a) interesados
    b) analizadores
    c) expertos

19. a) apropiarse
    b) robar
    c) sustraerse

20. a) golpeteo
    b) impacto
    c) convulsión

10. Esquilo

El estado natural de la política es la coalición. Mejor (1), la naturaleza de la política está en el arte de la formación y hundimiento de las coaliciones, en el juego de las alianzas, en la danza de los (2). Se puede gobernar sin pactar, pero esa monotonía raras veces acaba (3), aunque inicialmente haya sido legitimada por el público. Con un solo actor no es posible jugar, y con dos protagonistas el juego resulta muy aburrido, sobre todo (4) hay simetría rotativa. Únicamente cuando se llega a la tríada puede afirmarse que la política recupera su estado natural. Y no sólo en la política, sino en la vida.

Aristóteles nos recuerda la gran (5) de Esquilo. Hastiado del monopolio teatral del primer actor (para decirlo con exactitud, del *hipócrita*), el poeta de Eleusis elevó de uno a dos el número de actores. Al cabo de un tiempo, cuando los espectadores se (6) acostumbrado al duopolio, introdujo en escena a un tercer actor, disminuyó la importancia del coro, [...] y (7) esencial importancia al diálogo. O de otra manera, desde el momento en que en el escenario (8) tres actores, por lo menos tres, surge naturalmente el diálogo. Lo otro es monólogo a una o dos voces.

Ha costado trabajo, **(9)** los votos indican que ya empieza a regir aquí la aplazada revolución de Esquilo, al cabo de tanta hipocresía, primero, y de tanto monologuismo, después. En este **(10)** hemos elevado de uno a dos el número de actores (en eso consistió la transición), y ahora, por fin, estamos en la tríada. Y lo esencial del juego a tres, como se sabe, es la formación de **(11)**, el establecimiento de esos pactos más o menos coyunturales (nunca consensuales) de dos contra uno, las alianzas de usar y tirar, la posibilidad del *tertius gaudens*, el astuto que obtiene ventajas con el conflicto de los otros dos miembros, y demás viejas maneras de complicar la monotonía de la acción, de echarle reflejos civiles a la muy sorda banda sonora y de colar en el **(12)** la incertidumbre.

Texto de JUAN CUETO. (Adaptado de *El País*)

1.	a) decir b) hacer c) dicho	2.	a) patos b) cisnes c) pactos	3.	a) regular b) bien c) mal			
4.	a) sino b) si no c) que	5.	a) revolución b) rebelión c) revuelta	6.	a) había b) habían c) habrán			
7.	a) dotó b) concedió c) donó	8.	a) habían b) son c) hay	9.	a) aún b) pero c) por			
10.	a) décimo b) decenio c) diezmo	11.	a) asambleas b) coaliciones c) comités	12.	a) escenario b) tablao c) palco			

11. La ilusión de la casualidad

La Rápida es una lotería malagueña clandestina, creo que es clandestina, eficaz, popular y seria, muy seria, aquí nadie hace **(1)** y los premios se pagan sobre la marcha y sin mayores papeleos ni **(2)**; a los malagueños **(3)** gusta tentar a la fortuna con la Rápida y las viudas suelen jugar el número del **(4)** del marido muerto, precaución que según la sabiduría tradicional propicia la suerte. En algunos lugares españoles las viudas aluden al marido muerto hablando de mi difunto o mi **(5)**, q.e.p.d., pero en Málaga es costumbre llamarle mi descansado, a mí me parece muy **(6)** esta precisión, sólo comparable **(7)** la de los bolivianos, **(8)** para anunciar que alguien se fue **(9)** el otro mundo dicen que pasó a la indiferencia. En este casi tembloroso arranque de un año que, según los **(10)** especializados, no va a ser demasiado bueno, es más que probable que reconforte el ánimo el socorrido trance de que le toque a uno el **(11)** de la lotería, de cualquiera de las muchas loterías que hay en España; no es mi caso, pero pudiera haberlo sido a igualdad de probabilidades que cualquier otro conciudadano jugador. A mí no me tocó nunca ningún gordo o semigordo de la lotería, aunque los agradecidos premiecillos de la pedrea me toquen casi siempre: para no **(12)** de apuros, es cierto, aunque sí para alimentarme la esperanza y recebarme el temple y la **(13)**. Cada vez que un año empieza a **(14)** […], uno acaricia la ilusión de la **(15)**, el áncora a la que uno sueña con agarrarse para evitar mayores males de los anunciados y aun esperados: después, si las circunstancias no funcionan como debería ser costumbre, uno va acomodando su voluntad a la muleta de la resignación, que no es un **(16)** segura, es bien verdad, pero sí puede ser un **(17)** salvavidas. Pensando que menos da una piedra, el hombre puede llegar **(18)** viejo lleno de conformidad e incluso **(19)** de optimismo.

Los españoles, para luchar contra la derrota e incluso contra su zalamera máscara, deberíamos tener siempre presente que no hay mal que cien años **(20)** ni que no venga acompañado de cierto bien confuso y permanente. La ilusión de la casualidad no abandona al hombre hasta la muerte y el punto final.

Texto de CAMILO JOSÉ CELA. (Adaptado de ABC)

1. a) tretas b) trampas c) engaños	2. a) demandas b) atrasos c) demoras	3. a) les b) los c) os
4. a) nido b) foso c) nicho	5. a) finado b) cadáver c) muerto	6. a) plausible b) aplaudida c) audible
7. a) a b) para c) por	8. a) quien b) quienes c) cuales	9. a) por b) para c) hasta
10. a) comentaristas b) charlatanes c) locuaces	11. a) grande b) gordo c) primero	12. a) sacarme b) salirme c) encontrarme
13. a) afán b) ilusión c) espera	14. a) circular b) caminar c) saltar	15. a) causalidad b) casualidad c) casuística
16. a) amarra b) ancla c) cuerda	17. a) hombre b) bote c) acto	18. a) hacia b) a c) para
19. a) rebosante b) desbordado c) inundado	20. a) permanezca b) insista c) dure	

Prueba 4

12. Quince de Agosto

A veces, al atardecer, cuando el mar adquiere esa tonalidad cardenalicia y amaina la brisa, corría las cortinas y me sentaba **(1)** al vacío. Entonces, me esforzaba **(2)** recordar con cierta precisión qué me había **(3)** a venir aquí. Muchas **(4)** haber sido las razones, que vagamente recuerdo. No obstante, por mucho que **(5)** en aquel ya neblinoso pasado, la **(6)** situación que acudía con insistencia a mi memoria, y que quizá justificara aquel éxodo mío, era la imagen de Pedro dormido a mi lado. Creo que, aquella noche, me **(7)** de repente de que su piel se había marchitado, de que su frente se fruncía en sinuosas arrugas y de que esas manchas marrones, indefinidas, se apoderaban **(8)** de sus manos. No pude, súbitamente, soportar la idea de volver a hacer el amor con él. Me levanté horrorizada y me miré al espejo. **(9)** a mi casi medio siglo, mi imagen reflejada aún me sonreía: había engordado, es cierto, pero mi rostro seguía firme; en cambio, mi frente **(10)** no sólo mi edad, sino también una vida inestable. Y, ante mi cuerpo desnudo, pensé: "Jamás podrás volver a abrazar hombre **(11)**". "Los que te corresponden por edad son premonición de decrepitud, y los más jóvenes ignorarán tu cuerpo mustio". Me **(12)** caer y lloré. Es posible que, **(13)** día siguiente, iniciara discretamente las **(14)** necesarias para desaparecer de una vez **(15)** todas. Hoy, pienso que **(16)** una medida extrema, pues siempre quedan medidas conciliadoras, como requerir sin más remilgos los servicios de hermosos jovencitos, o rodearme de efebos. Pero intuía ya que me habría resultado insoportable la compañía de esos jóvenes mancebos, **(17)**, pese a su gratificante tersura, **(18)** ser sumamente aburridos. También es cierto que mirar sin tocar, sin sentir, aún más en **(19)** madurez, amarga la vida y que el suicidio, sin la suficiente dosis de desesperanza, es un esfuerzo vano y, sobre todo, poco original, porque, en realidad, la muerte es la única experiencia previsible de nuestra existencia. La vida, por el contrario, es azarosa, impensada, y aun cuando **(20)** no se mueva, no haga absolutamente nada, no participe, todo alrededor cambia sin cesar, a veces de un modo repentino e insospechado.

Texto de BEATRIZ DE MOURA. (Adaptado de *Doce retratos de mujeres*. Ed. Alianza)

1.	a) frente	2.	a) para	3.	a) expulsado
	b) delante		b) por		b) impulsado
	c) enfrente		c) al		c) pulsado

4.	a) ha podido	5.	a) fisgara	6.	a) única
	b) podrán		b) hundiera		b) sola
	c) podrían		c) sondeara		c) solitaria

7.	a) informé	8.	a) ya	9.	a) No obstante
	b) percaté		b) aún		b) A pesar
	c) reconocí		c) todavía		c) Pese

10.	a) se rebelaba	11.	a) alguno	12.	a) dejaba
	b) aparecía		b) ninguno		b) dejé
	c) revelaba		c) cualquiera		c) habría dejado

13.	a) el	14.	a) trámites	15.	a) por
	b) al		b) diligencias		b) para
	c) un		c) gestiones		c) con

16.	a) estuvo	17.	a) cuales	18.	a) acostumbran
	b) existió		b) quienes		b) habituan
	c) fue		c) cuyos		c) suelen

Diploma superior de E.L.E.

87

19. a) plena
    b) completa
    c) llena

20. a) alguien
    b) nadie
    c) uno

13. El descrédito del trabajo

La parábola que va del oro olímpico a la devaluación de la peseta no ha hecho más que insistir, **(1)** esta vez con redoble de tambor, en el tópico de siempre: en la escasa fe que el español tiene en el trabajo y en lo que es **(2)**, en el descrédito social del mismo; ni se confía en él para solucionar un problema ni quien así lo soluciona verá reconocida su labor. El tópico se ha hecho tabú y, en la esperpéntica sociedad del ocio 92, el intelectual que elogie el trabajo se **(3)** ante la opinión pública. Ni siquiera le valdrá la excusa de que se refiere al trabajo no alienante.

Como el novelista no es un intelectual (salvo los mediocres o agotados: como no se me ocurre nada voy a escribir pensamientos) uno insiste en lo del patológico descrédito. **(4)** demostrar su existencia recopilo unas frases tan populares como definitivas. Del antiguo "Si el trabajo es salud, viva la tuberculosis", se ha **(5)** a definiciones más sofisticadas como "Sólo trabaja el que no sirve para otra cosa" y hasta filosóficas: "El hombre no está hecho para trabajar, la prueba es que se **(6)**". Ahora bien, entre las deliciosas interpretaciones católico-marxistas de "Ganarás el pan con el sudor del de enfrente" y "Sólo es rentable el trabajo de los demás", pervive nuestra más consuetudinaria actitud al **(7)**: "El trabajo es muy entretenido, yo puedo pasarme horas viendo cómo trabajan los demás". La opinión fiduciaria es más rotunda, "Si trabajas no te queda tiempo para ganar dinero": lo cual quiere decir que no sólo se desconfía del trabajo para conseguirlo, **(8)** que el factor tiempo es decisivo. Hay que alcanzar la riqueza como **(9)**, de forma rápida y sin reparar en medios, de ahí que la estafa o la lotería gocen de un **(10)** prestigio, por su inmediatez, comodidad y exención de cargas fiscales, que la fortuna conseguida tras una vida laboriosa. Y para remate la del síndrome del burócrata: "Vivir fuera de los Presupuestos Generales del Estado es vivir **(11)** el error".

Evitar el trabajo no es deshonor, sino habilidad encomiable, y así el ocio se concibe no como reposo, sino como situación estabilizada entre dos "nada que hacer", circunstancia por lo **(12)** utópica que nos remite a Aristófanes, a su comedia *La asamblea de las mujeres*. Dice Blepiro: "Entonces, ¿quién hará todo el trabajo?", y le responde Praságoras: "Para eso habrá esclavos".

Texto de RAÚL GUERRA GARRIDO. (Adaptado de *Diario 16*)

1. a) sino
   b) aunque
   c) sólo

2. a) mejor
   b) malo
   c) peor

3. a) suicida
   b) suicidase
   c) suicidó

4. a) Por
   b) Para
   c) Con

5. a) retrocedido
   b) evolucionado
   c) venido

6. a) cansa
   b) divierte
   c) descansa

7. a) respecto
   b) respeto
   c) repaso

8. a) sino
   b) si no
   c) pero

9. a) es
   b) sea
   c) fuese

10. a) menor
    b) máximo
    c) mayor

11. a) sin
    b) en
    c) con

12. a) demás
    b) más
    c) además

Prueba 4

14. Tehuantepec: el día que mataron al doctor Salud

Faltaban unos cuantos minutos para las 10 de la noche, el pasado 15 de febrero, **(1)** tres hombres **(2)** a la puerta de una casa del pueblo de Tuxtepec. Quien salió a abrirles la puerta los llevó ante un Shadow blanco, sin placas, al que subieron **(3)** inmediato. Querían llegar a las tres de la mañana a Juchitán, donde los **(4)** un amigo. Si todo salía como lo **(5)** planeado, esperaban regresar a su pueblo con un montón de dinero y **(6)** de joyas.

En el poblado de Sanblas Atempa -**(7)** más de 100 kilómetros de Tuxtepec- Gaudencio Salud López volvió a tener otro de sus insomnios. Tratando de hacer el menor ruido posible abandonó la cama, que **(8)** con su mujer, y se metió a su consultorio. Encendió la luz y **(9)** a barrer. Luego **(10)** las cosas que encontró mal puestas y se puso a leer un libro de medicina.

Eran alrededor de la dos de la mañana. El sueño no volvía, **(11)** que el médico de 67 años se sentó frente a su **(12)**. Acercó una vieja máquina de escribir **(13)** y **(14)** terminar sus memorias.

Después de varias horas de viaje, el Shadow blanco entró despacio a Juchitán. Al **(15)** el domicilio que buscaban, sus tres **(16)** se apearon. Momentos después los **(17)** pasar a una sala. Durante varios minutos, junto con el dueño de la casa, **(18)** un croquis y los pasos que tendrían que dar al encontrarse en el lugar. Satisfechos del plan, se fueron a dormir.

A las siete de la mañana de ese 16 de febrero, los cuatro hombres se levantaron. Tomaron un café cargado y **(19)** el camino **(20)** a Tehuantepec. Hasta ese momento sólo ellos y el dueño del carro sabían de los planes que los llevaban a viajar a ese pueblo. Ni siquiera sus esposas estaban enteradas de lo que llevarían a cabo.

(**Texto adaptado del periódico** *La Jornada,* **Méjico**)

1.	a) que b) cuando c) mientras	2.	a) golpearon b) sonaron c) llamaron	3.	a) de b) al c) en		
4.	a) esperó b) aguardaba c) acechaba	5.	a) hubieran b) habían c) habrían	6.	a) sartas b) puños c) puñados		
7.	a) con b) a c) de	8.	a) compartía b) repartía c) dividía	9.	a) puso b) empezaba c) comenzó		
10.	a) colocaba b) había puesto c) acomodó	11.	a) así b) entonces c) de ahí	12.	a) oficina b) bufete c) escritorio		
13.	a) plegable b) portátil c) transportable	14.	a) empezó b) decidió c) siguió	15.	a) toparse b) situar c) localizar		
16.	a) ocupantes b) viajantes c) cocheros	17.	a) obligaron b) ofrecieron c) hicieron	18.	a) investigaron b) registraron c) revisaron		
19.	a) emprendieron b) empezaron c) partieron	20.	a) meta b) rumbo c) ruta				

15. Seducción

Ya que estamos así, convendría intentar sacar el mejor partido de todo ello. Me **(1)** al SIDA y a la cautela que uno/una debe observar a la hora de zambullirse en los trajines de la carne. Y es que quizá la cosa tenga su **(2)** positiva. Porque, vamos a ver, **(3)** sinceros: ¿en cuántos achuchones se han embarcado ustedes sin verdaderas ganas, achuchones del género tonto y compulsivo, nada **(4)** conocerse y zas, al grano, a un batallar de cuerpos presurosos, a un zafarrancho aburridísimo? ¿Y no se arrepienten ustedes **(5)** menos de alguna de estas gimnasias del abdomen, dotando a la palabra arrepentirse no ya de un matiz moral, **(6)** de la serena certidumbre de que esas horas sudorosas **(7)** mucho mejor aprovechadas de haberse dedicado uno / una a leer, a escuchar música o **(8)** a espachurrarse las espinillas de la cara?

Quienes estamos ahora entre los 30 y los 40 años tuvimos una primera juventud empeñada **(9)** glorificar el sexo rápido. Hacer manitas era una pérdida de tiempo, y el **(10)** con remilgos se consideraba anticuadísimo. Ahora empezamos a comprender, en cambio, que ir corre que te **(11)** al hala-hala es una chapuza lamentable. El sexo es un misterio **(12)** que se origina en las partes sin nombre, **(13)** morosamente por toda la superficie de los cuerpos y estalla por fin dentro del cráneo. Quiero decir que patalear sobre una cama es cosa fácil; lo difícil es **(14)** la magia necesaria en el cerebro.

La **(15)** del SIDA, en fin, sin llegar a extremos paranoicos, puede devolvernos la finura del juego del amor. No hay nada tan excitante en el asunto de la carne como la descarnada seducción, la escaramuza **(16)**. Se acabó esa zafiedad de meterse mano a trompicones a los dos segundos de **(17)**. Así, con unos días previos de conocimiento mutuo y coqueteo, nos ahorraremos unos cuantos amaneceres fatigosos y más de una relación impresentable. Amén de **(18)** a la profilaxis general. Pero no lo digo por razones sanitarias, sino por gustirrinín y para mayor gloria de los cuerpos.

Texto de ROSA MONTERO. (Adaptado de *El País*)

1. a) infiero
    b) refiero
    c) confieso

2. a) parte
    b) expresión
    c) lado

3. a) estemos
    b) fuéramos
    c) seamos

4. a) casi
    b) más
    c) cuanto

5. a) tanto
    b) mucho
    c) cuando

6. a) sino
    b) mas
    c) aún

7. a) serían
    b) habían sido
    c) hubiera sido

8. a) además
    b) todavía
    c) incluso

9. a) en
    b) por
    c) con

10. a) mirarse
    b) andarse
    c) observarse

11. a) corre
    b) correra
    c) correría

12. a) alegre
    b) gozoso
    c) afortunado

13. a) vaguea
    b) rodea
    c) corre

14. a) creer
    b) criar
    c) crear

15. a) prevención
    b) previsión
    c) precaución

16. a) propia
    b) previa
    c) privada

17. a) hallarse
    b) congregarse
    c) encontrarse

18. a) contribuir
    b) corresponder
    c) invertir

Diploma superior de E.L.E.

Prueba 4:
Gramática y vocabulario

Sección 2: Selección múltiple

 Presentamos ahora dos tipos de ejercicios: en el primero debe elegir entre las opciones de respuesta aquella que tenga un significado equivalente al del fragmento subrayado. En el segundo debe completar las frases con el término adecuado.

1. EJERCICIO 1 (Expresiones y vocabulario)

1. No me lo cuentes otra vez, Ana María me lo contó ayer <u>con pelos y señales</u>.

    a) muy rápidamente b) muy detalladamente c) someramente

2. Os creíais muy inteligentes, pero al final os <u>la dieron con queso</u>.

    a) engañaron b) invitaron a queso c) criticaron mucho

3. En diplomacia hay que ir <u>con pies de plomo</u>.

    a) a paso lento b) con zapatos especiales c) con cautela

4. Usted <u>está como un roble</u>, no tiene de qué preocuparse.

    a) tiene todos los problemas solucionados b) es una persona con mucho poder c) está sanísimo

5. ¿Sabes lo que pienso? que <u>más vale pájaro en mano que ciento volando</u>.

    a) los pájaros que vuelan valen menos b) es mejor tener confianza en uno mismo c) vale más lo seguro que lo posible

6. ¡<u>Sois unos manazas</u>!

    a) tenéis las manos enormes b) sois torpes c) sois generosos

7. Este conferenciante siempre <u>acaba yéndose por las ramas</u>.

    a) se desvía del tema b) habla mucho c) dice cosas muy interesantes

8. Lo importante es tocar <u>la fibra sentimental</u> de la gente.

    a) el punto sensible b) la fibra llorona c) el nervio mayor

9. Inés es la que siempre <u>corta el bacalao</u>.

    a) ofrece comida b) trabaja c) destaca

10. Ninguno se atrevía a hablar del asunto, pero llegó Juan y <u>puso el dedo en la llaga</u>.

    a) habló del tema extensamente b) buscó una solución para el herido c) tocó el asunto problemático

11. <u>Es un derrochador</u>, no piensa en el futuro.

    a) Es mal trabajador b) Es muy vago c) Malgasta el dinero

12. Las circunstancias me son <u>adversas</u>.

    a) favorables b) indiferentes c) desfavorables

13. Tuvo la <u>desfachatez</u> de decírmelo delante de todos.
    a) poca vergüenza b) satisfacción c) audacia

14. En este tema sus conocimientos son muy <u>vastos</u>.
    a) burdos b) amplios c) reducidos

15. Dieron ropa y alimentos a los <u>damnificados</u>.
    a) perjudicados b) refugiados c) pobres

1. EJERCICIO 2 (Gramática)

1. No me gusta este sitio, si lo sé, no ....
   a) vendría b) vengo c) vendré

2. ¡............ sinvergüenza que todavía no ha llamado para disculparse!
   a) Será b) Sería c) Es d) Habrá sido

3. - Todavía no he fregado los platos.
   - Déjalo, ya .... yo.
   a) friegue b) friego c) fregara

4. .... ama de casa no está justamente reconocida por la sociedad.
   a) El b) La

5. Nunca .... cómo me llamo.
   a) se recuerda b) se acuerda c) recuerda de d) se acuerda de

6. Niños, no .... mucho ruido al entrar.
   a) haced b) hagáis c) haríais

7. Antes .... viniera, yo ya me había ido.
   a)de - él b)de - ø c) de - que

8. María trata a Carlos .... fuera su hermano.
   a) como b) si c) como si d) tal como

9. Te dejaré mis apuntes .... me los devuelvas el martes.
   a) excepto que b) siempre que c) si d) como

10. Iré a tu casa .... nunca te encuentro en la oficina.
    a) por qué b) como c) que d) dado que

11. Cuando .... una fiesta no le vamos a invitar, nos cae tan mal...
    a) organizamos b) organizaremos c) organicemos

Diploma superior de E.L.E.

12. Si .... un buen trabajo, te invitaré a cenar.
    a) *encontraré* b) *encontrara* c) *encuentro* d) *habré encontrado*

13. ¿Hay campings por esta zona? No, no hay ....
    a) *ninguno* b) *ningunos* c) *alguno* d) *algunos*

14. ¡A trabajar! La casa está aún .... limpiar.
    a) *por* b) *para*

15. Si por casualidad .... que no llego a tiempo, entra tú y no me esperes.
    a) *vieras* b) *veas* c) *verás* d) *veías*

2. EJERCICIO 1 (Expresiones y vocabulario)

1. El funcionario <u>no me quitaba ojo de encima</u>.
    a) *me miraba constantemente* b) *no me dejaba moverme* c) *no me daba los impresos*

2. Todas mis esperanzas <u>se han ido a pique</u>.
    a) *se han frustrado* b) *se han realizado* c) *han sido olvidadas*

3. ¡No va a ser bonito, si <u>cuesta un ojo de la cara</u>!
    a) *es de piel* b) *es carísimo* c) *vale millones*

4. El enfermo mejora <u>a ojos vista</u>.
    a) *lentamente* b) *de su mal de ojo* c) *perceptiblemente*

5. Anita es <u>el ojito derecho de</u> Vicente.
    a) *la persona de la que está enamorado* b) *la preferida de* c) *una persona muy valiosa para*

6. Es <u>un pájaro de mal agüero</u>.
    a) *una persona muy pesimista* b) *una persona con muy mal carácter* c) *una persona que trae mala suerte*

7. El conductor del autobús resultó <u>ileso</u>.
    a) *herido* b) *indemne* c) *ser un experto*

8. Últimamente <u>le han salido muchas patas de gallo</u>.
    a) *han criado las gallinas* b) *le han salido arrugas en torno a los ojos* c) *le han adelgazado las piernas*

9. Si dejaras de <u>empinar el codo</u>, te sentirías mejor.
    a) *beber* b) *jugar a las cartas* c) *ir de juerga constantemente*

10. Le gusta <u>hacerse el sueco</u>.
    a) *hacerse pasar por extranjero* b) *hacerse el despistado* c) *teñirse el pelo de rubio*

11. En el año 1979 le <u>concedieron</u> el premio Nobel.
    a) regalaron b) otorgaron c) obsequiaron con

12. Cuando estábamos en la cola le dio un <u>vahído</u>.
    a) desmayo b) vómito c) infarto

13. Este medicamento es <u>inocuo</u> (para la salud).
    a) inofensivo b) nocivo c) un poco peligroso

14. La aleta de un tiburón es algo que <u>infunde</u> terror.
    a) inspira b) impulsa c) comunica

15. El camino ascendía <u>sinuosamente</u>.
    a) zigzagueante b) directamente c) abruptamente

2. EJERCICIO 2 (Gramática)

1. .... unos doscientos comensales.
    a) Habrían b) Habría c) Habrán

2. Juan, ... yo hago la cena, tú bañas a los niños.
    a) mientras b) mientras tanto c) entre tanto

3. En Hispanoamérica hay .... violencia como en Estados Unidos.
    a) tanta que b) igual de c) tanta d) igual que

4. Niño, ... molestar a estos señores.
    a) termina b) deja de c) acaba de

5. Fue en París .... nos conocimos, no en Roma.
    a) a donde b) en que c) donde

6. ¡......... fuera millonario para no trabajar!
    a) Cuál b) Quién

7. Me compraré la casa en verano .... tengo suficiente dinero.
    a) si b) como c) siempre que d) en caso de que

8. Hicimos nuestro primer viaje al extranjero cuando ya .... mayores de edad.
    a) estábamos b) éramos c) teníamos

9. .... el libro a tu hermana y tengamos la fiesta en paz.
    a) Dala b) Dáselo c) Dale d) Dalo

10. Pienso como tú, es decir, ... de tu misma opinión.
    a) soy b) estoy c) me siento

Diploma superior de E.L.E.

11. El tiempo .... oro.
   a) parece b) es c) está

12. La ley fue aprobada .... la mayoría de los representantes.
   a) por b) para

13. Anoche .... el médico para ver cómo seguía Juan.
   a) habría vuelto b) volvió c) volvería

14. El presidente hizo su aparición .... la multitud que no cesaba de vitorearle.
   a) enfrente b) ante c) delante

15. Estoy encantada desde que uso esta plancha .... vapor.
   a) de b) con c) en

3. EJERCICIO 1 (Expresiones y vocabulario)

   1. Nosotros tuvimos que <u>pagar los platos rotos</u>, no ellos.
      a) ser culpados injustamente b) pagar la cuenta del restaurante c) abonar los platos que se rompieron

   2. No disimules, sé muy bien <u>de qué pie cojeas</u>.
      a) que tienes problemas físicos b) cuál es tu pie enfermo c) cuáles son tus defectos

   3. Apenas le comentamos lo del examen, <u>montó en cólera</u>.
      a) se fue rápidamente b) se enfadó muchísimo c) enfermó de cólera

   4. Pensábamos que estaríamos solos y éramos <u>ciento y la madre</u>.
      a) cien más su madre b) muchísimos c) cien con la madre

   5. Siempre <u>pone en tela de juicio</u> lo que yo digo, me tiene manía.
      a) duda de b) oculta c) se enfada por

   6. María <u>dejó plantado a</u> Juan y se fue con Luis.
      a) se olvidó de regar las plantas de b) no acudió a la cita con c) no se acordó de

   7. Los vecinos de arriba tienen <u>muy malas pulgas</u>.
      a) enfermas a las pulgas b) mal carácter c) malas relaciones

   8. Cuando tenemos una reunión, Antonia es la única que <u>pone reparos</u>.
      a) se muestra disconforme b) expone sus quejas c) hace las observaciones

   9. Siempre que tiene un problema viene a mí, soy su <u>paño de lágrimas</u>.
      a) consuelo y ayuda b) esperanza c) mejor amiga

10. Llegó a la estación con retraso y tomó el tren por los pelos.

    a) por la parte de atrás b) por casualidad c) en el último momento

11. El patinador cogió a su pareja por el talle y la levantó en el aire.

    a) el pecho b) el tronco c) la cintura

12. Buscan a alguien para ocupar el cargo de director general.

    a) espacio b) puesto c) despacho

13. Tenemos que refutar su teoría para poder seguir adelante con el proyecto.

    a) rebatir b) confirmar c) aceptar

14. Saldaron sus deudas y se fueron a celebrarlo.

    a) Liquidaron b) Perdonaron c) Aceptaron

15. Los peritos tasaron los daños del automóvil.

    a) evaluaron b) controlaron c) causaron

3. EJERCICIO 2 (Gramática)

1. Andrés no tiene .... que veinte años.

    a) más b) menos

2. Me preguntó el .... de mi comportamiento y me sonrojé.

    a) porqué b) por qué c) porque

3. Si no resolvéis el problema rápidamente, las consecuencias .... a ser muy negativas.

    a) llegaron b) llegarán c) lleguen

4. Así que .... al trabajo, se toma un café.

    a) llegará b) llegue c) llega

5. ¿No crees que .... mejor decírselo hoy mismo?

    a) sea b) será c) fuera

6. .... mi ventana se ve un paisaje maravilloso.

    a) De b) Desde

7. Es lógico que .... frío, estamos en pleno invierno.

    a) haga b) hace c) ha hecho

8. No es que no .... hacerlo, es que no quiero.

    a) puedo b) pudiera c) pueda d) podré

9. Buenos días, ¿qué..........?

    a) querría b) quería c) quisiera

Diploma superior de E.L.E.

10. No estoy seguro, pero debe .... ser Antonio.
    a) de b) ø

11. Aprobaremos el examen, ... no nos dé por buena la tercera respuesta.
    a) excepto b) si no c) salvo que

12. Fui la única .... salir en su defensa.
    a) en b) por c) a

13. .... el colmo, tiene doce años y todavía no sabe dividir.
    a) Esté b) Está c) Es

14. Desde que María le dejó .... nota muy afectado.
    a) se lo b) ø le c) se le

15. Ha pasado tanto tiempo que .... recuerdo dónde lo conocí.
    a) siquiera b) ni sólo c) ni siquiera d) también

4. EJERCICIO 1 (Expresiones y vocabulario)

1. Esta chica es muy soñadora, siempre está <u>en las nubes</u>.
    a) pensativa b) distraída c) obnubilada

2. No puedes pedirle nada porque luego te lo <u>echa en cara</u>.
    a) advierte b) exige c) reprocha

3. El examen me salió <u>a pedir de boca</u>.
    a) muy bien b)muy mal c) regular

4. Este niño es un pesado, no para de <u>dar la lata</u>.
    a) regalar latas b) enlatar c) molestar

5. No me gusta ese tipo, tiene muy <u>mala pinta</u>.
    a) mal aspecto b) mala pintura c) malas pulgas

6. Si llama Pepe, dile que no estoy. No tengo ganas de que me <u>dé la paliza</u>.
    a) aburra b) pegue c) dé un palo

7. El <u>déficit</u> de la empresa es de muchos millones.
    a) beneficio b) defecto c) descubierto

8. Pedro es un hombre muy <u>arisco</u>.
    a) insociable b) perfeccionista c) amable

9. Carmen y María se pasan el día <u>de palique</u>.
   a) jugando al mus b) hablando c) estudiando

10. Esta chica es muy <u>cursi</u> vistiendo.
   a) elegante b) afectada c) pulcra

11. Nos tiene a todos <u>en vilo</u> con todos sus escándalos.
   a) divertidos b) envilecidos c) intranquilos

12. Antonio es aún <u>imberbe</u>.
   a) no tiene barba b) está un poco verde c) es informal

13. Ayer discutí con mi marido y <u>nos pasamos la noche en blanco</u>.
   a) dormimos plácidamente b) no dormimos nada c) dormimos en camas separadas

14. Si Alberto no se hubiera casado con Luisa, <u>otro gallo le cantara</u>.
   a) se dedicaría a la avicultura b) le iría mejor c) le iría peor

15. El otro día en el Parlamento <u>se armó la de Dios es Cristo</u>.
   a) se produjo un violento enfrentamiento b) se discutió sobre temas religiosos c) un sacerdote bendijo a los diputados

4. EJERCICIO 2 (Gramática)

1. Cuando Victoria vio que le llevaban la contraria, se .... oscureció el semblante.
   a) la b) le c) lo d) les

2. Los náufragos llegaron .... la orilla sanos y salvos.
   a) en b) de c) a d) sobre

3. Amelia y Teresa le dan el recado a Manolo: ....
   a) le lo dan b) les lo dan c) se lo dan d) las lo dan

4. Internarán al señor, ... manías de persecución son de sobra conocidas.
   a) cuales b) de las c) que las d) cuyas

5. Siéntese ud. .... que yo me siento ....
   a) delante/detrás b) alante/atrás c) adelante/detrás d) delante/tras

6. No le vi lavarse .... en una ocasión.
   a) sólo b) tal que c) más que d) más

7. Estás mucho .... solo .... lo que parece.
   a) más/que b) más/de c) más/a d) más/como

Diploma superior de E.L.E.

Prueba 4

8. ¿Hay .... en la oficina? No, no hay ....
   a) alguno/nadie b) alguien/ninguno c) algo/nadie d) alguien/nadie

9. ¿Ha quedado .... de la fiesta de ayer? No, no ha quedado ....
   a) alguien/nada b) algo/nada c) todo/nada d) alguno/nada

10. Vivo en Madrid .... 1990.
    a) hasta b) antes c) desde d) de

11. .... como tiene tantos problemas, mejor que se quede en casa.
    a)Tuvo b) Tenido c) De tener d) Al tener

12. Esta novela ha perdido .... actualidad.
    a) cada b) cuya c) cual d) toda

13. No .... comprender sus intenciones.
    a) alcanzo b) empiezo a c) llego a d) asciendo a

14. Préstame tu vestido .... una vez.
    a) siquiera b) ni siquiera c) por menos d) por siquiera

15. El homenaje .... en el Salón de Actos.
    a) celebra b) estará c) es d) realiza

5. EJERCICIO 1 (Expresiones y vocabulario)

1. Aunque no pega ni golpe, se las arregla para vivir <u>de gorra</u>.
   a) pidiendo limosna b) trabajando c) a costa de los demás

2. No hay nadie que <u>sea invulnerable</u>.
   a) no pueda ser herido b) sea intachable c) sea invencible

3. <u>Le disuadimos de firmar</u> el contrato.
   a) Le impedimos firmar b) Le convencimos de que no firmara c) Le ayudamos a firmar

4. Mi cuñado <u>come siempre la sopa boba</u>.
   a) no se alimenta b) vive sin trabajar c) come mucha sopa

5. Tu hermana <u>es más buena que el pan</u>.
   a) está muy guapa b) es muy guapa c) es muy buena

6. No seas <u>plomo</u> y déjame descansar.
   a) curioso b) pesado c) distraído

7. A Luis sus amigos le van a <u>cantar las cuarenta</u>.
   a) reprochar su actuación b) cantar una serenata c) dar un concierto

8. Yo como lentejas <u>de Pascuas a Ramos</u>.
   a) en Semana Santa b) con mucha frecuencia c) raramente

9. Desde pequeños les han <u>inculcado</u> una buena educación.
   a) imbuído b) privado de c) impuesto

10. Este ejercicio <u>es pan comido</u>.
   a) es para adelgazar b) es ingenuo c) es muy fácil

11. En esta oficina todo <u>va manga por hombro</u>.
   a) marcha mal b) está en su lugar c) se hace a mano

12. Le pedí que viniera a ayudarme y se presentó a las 12h. de la noche: <u>¡A buenas horas, mangas verdes!</u>
   a) Ya no era necesario b) En el mejor momento c) A horas inoportunas

13. No puedo invitarte a cenar porque <u>estoy a dos velas</u>.
   a) no tengo suficientes velas b) no tengo dinero c) no soy romántico

14. Mis vecinos <u>son un quiero y no puedo</u>.
   a) se quieren más de lo que pueden b) gastan más de lo que ganan c) pretenden ser más de lo que son

15. Si Paco no me llama este fin de semana <u>le mando a paseo</u>.
   a) le invitaré a pasear b) le mandaré pasear c) me desentiendo de él

5. EJERCICIO 2 (Gramática)

1. Pronuncia muy mal y todo el mundo le .... por extranjero.
   a) coge b) toma c) crea d) considera

2. ¡......... que has venido!
   a) Por más b) Menos mal c) Más mal d) Peor

3. Alberto abrió el regalo de sus compañeros .... un alfiler de corbata.
   a) conteniendo b) que contenía c) y contuvo d) contenía

4. No está moreno porque .... mucho el sol, sino porque ya lo .... sus padres.
   a) tome/tomaban b) toman/han tomado c) haya tomado/eran d) haga/eran

5. Fue elegida Miss Mundo; y eso que ...... otras más guapas.
   a) hubieron b) habían c) había d) haya

6. Hablaban a voz en grito aún a riesgo de que el juez los ....
   a) expulsara b) expulse c) expulsaran d) expulsasen

Diploma superior de E.L.E.

7. Aunque María me lo pidiera de rodillas, yo nunca .... con ella.
   a) volviera b) volvería c) habré vuelto d) vuelvo

8. Voy a dejar de fumar, no .... que mañana me .... peor.
   a) fuera/encuentro b) sea/encuentre c) será/encuentre d) es/encuentro

9. Para .... el cargo tuvo que traicionar a todos sus compañeros.
   a) que obtenga b) obteniendo c) que obtuviese d) obtener

10. Les pidió que le .... siempre antes de venir.
    a) avisen b) avisase c) avisaran d) avisarían

11. Con objeto de que todos .... contentos, decidí sortear el viaje.
    a) quedasen b) queden c) se queden d) quedaban

12. Les dijo que .... cuidado, no .... a caerse por las escaleras.
    a) tuviesen/fueran b) tuviese/fuera c) tuvieren/vayan d) tengan/vayan

13. Seguramente .... alguna novela que te haya dejado huella.
    a) leíste b) has leído c) leerás d) leerías

14. Su novia le puso un telegrama .... ayuda.
    a) por pedirle b) pidiéndole c) a pedirle

15. Algunos niños fingen llorar .... la atención de los mayores.
    a) atrayendo b) al atraer c) para atraer

6. EJERCICIO 1 (Expresiones y vocabulario)

1. Siempre haces las cosas <u>a regañadientes</u>.
   a) de mala gana b) regañando c) con mucho entusiasmo

2. Yolanda es <u>una niña bien</u>.
   a) muy buena niña b) muy elegante c) de buena familia

3. Pregunté por el administrador pero nadie <u>me daba razón de él</u>.
   a) me informaba sobre él b) estaba de acuerdo con él c) razonaba con él

4. Celia es recatada, en cambio su hermana <u>no tiene pelos en la lengua</u>.
   a) habla poco b) dice lo que piensa c) dice tonterías

5. Esta niña <u>no tiene ni un pelo de tonta</u>.
   a) parece tonta b) es bastante tonta c) es muy lista

6. Amaneció millonario <u>sin comerlo ni beberlo</u>.
   a) de forma inesperada b) sin probarlo siquiera c) tras muchos esfuerzos

7. Se lo diré <u>el día menos pensado</u>.

   a) cualquier día b) sin pensarlo c) cuando ya no lo espere

8. Los vecinos del tercero <u>viven al día</u>.

   a) viven el presente b) son madrugadores c) no tienen dinero ahorrado

9. Este niño <u>tiene el diablo en el cuerpo</u>.

   a) está endemoniado b) es malvado c) es muy travieso

10. Eva siempre hace las cosas <u>a la buena de Dios</u>.

    a) con buena intención b) de cualquier modo c) pensando en Dios

11. José es un español <u>de pura cepa</u>.

    a) amante del vino b) auténtico c) campesino

12. Tu madre está <u>que echa chispas</u>.

    a) indignada b) resplandeciente c) triste

13. A estos niños hay que <u>meterlos en cintura</u>.

    a) obligarlos a que se comporten como es debido b) pegarles con el cinturón c) hacer que adelgacen

14. Para optar al concurso es <u>condición *sine qua non*</u> rellenar estos impresos.

    a) innecesario b) indispensable c) recomendable

15. Ayer vimos una película <u>anodina</u>.

    a) divertida b) triste c) insulsa

6. EJERCICIO 2 (Gramática)

1. No me hace ninguna gracia que .... esas cosas de mi padre.

   a) dices b) dirías c) digas d) dijeras

2. Al ver que le insultaban .... furioso.

   a) se puso b) se volvió c) se convirtió d) se hizo

3. De pronto el cielo .... nublado.

   a) se puso b) se volvió c) se trocó d) estuvo

4. Silvia criticó mucho que Pedro .... de actitud.

   a) cambió b) cambia c) cambiara d) hubo cambiado

5. En cuanto .... nos quitaban los platos de la mesa.

   a) terminemos b) acabáramos c) terminábamos d) acabemos

6. .... Sonia, ¡quién iba a decir que se casaría con Daniel!
   a) Vaya de b) A ver con c) Vaya que vaya d) Vaya con

7. A fuerza de verlo mucho he .... aborreciéndolo.
   a) dejado de b) terminado c) acabado por d) seguido

8. Cuando el agua le .... a los hombros, lanzó la red.
   a) llegó b) ha llegado c) llegara d) llegue

9. Mi amiga .... loca.
   a) se ha puesto b) se ha vuelto c) se ha hecho d) es

10. Parece como si .... metida dentro de una jaula.
    a) hayas estado b) hubieras estado c) estarías d) estés

11. De repente, a Miguel .... literatura gallega.
    a) dejó de leer b) terminó por leer c) le dio por leer d) vino a leer

12. Mientras .... los peces para meterlos en la cesta, la humedad le .... toser.
    a) selecciona/hacía b) seleccionaba/hizo c) ha seleccionado/ha hecho

13. Se .... arquitecto con gran esfuerzo.
    a) ha hecho b) ha vuelto c) ha puesto d) ha convertido

14. Eres muy terco, pero al final .... la razón.
    a) acabarás dándome b) seguirás dándome c) te dará por darme

15. En la asamblea había .... torno .... quinientas personas.
    a) en/a b) de/a c) en/con

7. EJERCICIO 1 (Expresiones y vocabulario)

1. Parece no haber <u>sacado partido de</u> todos estos años de experiencia. Sigue actuando como un novato.
   a) tenido participación en b) dado importancia a c) obtenido ningún provecho de

2. Sobre la nueva estrategia adoptada por la empresa, pregúntale a Carmen. Ya sabes que ésa <u>no pierde ripio</u>.
   a) está enterada de todo b) es una experta c) siempre anda de cotilleo

3. No comprendo por qué hemos venido por estos <u>andurriales</u>. Vamos a tardar un montón en llegar.
   a) senderos de montaña b) lugares apartados c) caminos estrechos

4. No vale la pena discutir con quien no <u>disiente</u>.
   a) discierne b) discrepa c) discrimina

5. Este año se llevan los pantalones muy <u>ceñidos</u>.
   a) anchos b) ajustados c) abombados

6. Mira que eres <u>lelo</u>. Te digo las cosas cuarenta veces y tú ni te enteras.
   a) tonto b) sordo c) atónito

7. Ese cantante no me gusta nada. ¡Canta unas canciones más <u>rancias</u>!
   a) ordinarias b) anticuadas c) sentimentales

8. No creo que me aprueben el examen de química. <u>No he dado una</u>.
   a) No he respondido a una pregunta b) Me he equivocado en todo c) Me he quedado en blanco

9. Después de tantas horas de estudio, lo mejor es que salgamos a pasear para <u>desentumecernos</u>.
   a) desperezarnos b) desentendernos c) desenvolvernos

10. Vámonos de aquí, que no hay quien aguante este <u>tufo</u>.
    a) calor b) mal olor c) gentío

11. No <u>te sulfures</u>, Pilar. Si te decimos esto es porque pensamos que es lo justo.
    a) te opongas b) te enerves c) te enfades

12. Desde que se ha descubierto su implicación en los hechos, la familia está pasando un <u>mal trago</u>.
    a) mal momento b) acoso c) desánimo

13. A su llegada a Pekín el presidente fue <u>agasajado</u> por las autoridades con un banquete oficial.
    a) recibido b) obsequiado c) acogido

14. El gobierno acaba de publicar una nueva <u>tanda</u> de medidas fiscales.
    a) serie b) clase c) acometida

15. Admiraba en Natalia su <u>destreza</u> inigualable en el arte de mentir.
    a) habilidad b) costumbre c) estética

7. EJERCICIO 2 (Gramática)

1. Hay que reconocer que .... aceite bueno, el de oliva.
   a) por b) para

2. A Lucía .... he dado a entender que no me resulta simpática.
   a) la b) le c) ø

3. .... el tiempo que lleva en Alemania no habla nada bien el alemán.
   a) Por b) Para

Diploma superior de E.L.E.

4. .... lanzó sobre ellos y .... abrazó efusivamente.
   a) Se/ø b) Se/los c) ø/los d) Les/se

5. Tiziano fue contemporáneo .... Miguel Ángel.
   a) con b) de

6. No se .... arrojar basuras.
   a) permite b) permiten

7. Es mejor que no contemos .... el préstamo. Definitivamente tendremos que renunciar al proyecto.
   a) con b) ø

8. Hay que ver cómo .... esmeró en el proyecto de fin de carrera.
   a) se b) ø

9. El ministro del Interior manifestó su profunda repulsa .... el último atentado terrorista.
   a) por b) para

10. .... me ha ocurrido una idea fenomenal.
    a) Se b) ø

11. Vete tú .... mí, que yo no estoy .... fiestas.
    a) por/por b) para/para c) por/para d) para/por

12. ¿Dónde .... queda esa calle?
    a) se b) ø

13. Ángel es muy poco hablador. Es muy parco ...... palabras.
    a) de b) en

14. Los doctores, ... habían realizado una operación de seis horas de duración, salieron del quirófano dando evidentes muestras de cansancio.
    a) que b) cuales c) los que d) quien

15. Es un forofo del baloncesto y no se pierde partido que retransmitan .... la tele.
    a) por b) para

8. EJERCICIO 1 (Expresiones y vocabulario)

1. Su marido es un <u>pendenciero</u>. Siempre anda metido en peleas.
   a) camorrista b) desenvuelto c) pelele

2. El oficio de albañil es muy duro. Tener que trabajar <u>a la intemperie</u> en invierno y en verano no se paga con dinero.
   a) a cielo descubierto b) al sol c) a destajo

3. Julián se tuvo que <u>embadurnar</u> la cara de negro para salir de Baltasar en la cabalgata de Reyes.

   a) desteñir b) untar c) embutir

4. Al principio actuaba irreflexivamente, pero desde que <u>le ha visto las orejas al lobo</u> se anda con mucho cuidado.

   a) se ha percatado del peligro b) le han dado un susto c) le han llamado al orden

5. Cuando el árbitro señaló el final del encuentro, los jugadores del equipo visitante se retiraron del campo <u>con la cabeza gacha</u>.

   a) con altivez b) aturdidos c) avergonzados

6. El diputado, antes de comenzar su discurso, <u>carraspeó</u> nerviosamente.

   a) gesticuló b) tosió c) estornudó

7. La discusión tomaba <u>derroteros</u> imprevistos.

   a) rumbos b) objetivos c) terrenos

8. Cuando le dijo que estaba guapa se lo diría <u>con retintín</u>. La verdad es que estaba hecha un adefesio.

   a) con sorna b) de mentira c) de boquilla

9. Ha sido diagnosticado de cáncer, pero sigue haciendo vida normal. ¡Hay que <u>tener agallas</u>!

   a) tener ganas de vivir b) ser valiente c) poner empeño

10. Le bastaba con cumplir puntualmente sus obligaciones para sentirse <u>colmada</u>.

    a) alegre b) tranquila c) satisfecha

11. Mientras tuvo <u>arrestos</u> llevó el peso de la empresa.

    a) salud b) energía c) posibilidad

12. Con mucha dificultad podrán ser <u>paliados</u> los efectos del terremoto.

    a) contrarrestados b) suprimidos c) aliviados

13. Tengo interés en escuchar cómo <u>sorteará</u> las comprometidas preguntas que le formulen.

    a) afrontará b) eludirá c) soportará

14. Cuando <u>amaine</u> el viento nos haremos a la vela.

    a) cambie b) aumente c) disminuya

15. Durante la cena Fernando miró <u>a hurtadillas</u> a Elena en repetidas ocasiones.

    a) con disimulo b) con intensidad c) con complicidad

Diploma superior de E.L.E.

8. EJERCICIO 2 (Gramática)

1. Cuando le dieron la noticia de que habían sido mellizos, se .... puso una cara de susto...
   a) le b) ø

2. De lo único que se precia es .... su capacidad de adaptación.
   a) de b) por

3. No te andes .... miramientos y vete al grano, por favor.
   a) con b) en

4. No renuncies nunca .... lo que te corresponde en justicia.
   a) de b) a c) ø d) por

5. .... previsto coger las vacaciones en junio, pero han surgido complicaciones y es imposible.
   a) Tenía b) Llevaba

6. ¿Que cuántos años tiene Alfonso? Pues, no sé. Debe .... tener ya treinta años.
   a) de b) ø

7. .... comprarte aquel vestido que vimos en la tienda de mi prima y no éste que te has comprado.
   a) Debiste b) Deberías

8. .... cansado que estaba, se quedó dormido en el cine.
   a) De b) Por

9. La adquisición de cualquier conocimiento es siempre útil ..... la inteligencia.
   a) para b) de c) por d) hacia

10. Desde la operación de su mujer .... muy preocupado.
    a) es b) anda

11. Ante la insistencia de Clara, su padre consintió en que .... sus amiguitos a casa para la fiesta de cumpleaños.
    a) hubieran ido b) fueran c) fueron d) iban

12. La intervención diplomática de Rusia hace presagiar que los bombardeos no se ....
    finalmente a cabo.
    a) llevarán b) llevarían c) habrán llevado d) hayan llevado

13. Me dijo que cuanto menos .... peor me ...... a ir en la vida.
    a) estudiara b) estudió c) estudiaría d) estudie
    a)fuera b)iría c)irá d)iba

Prueba 4 Sección 2

14. .... lo intente, conseguirá lo que se proponga.
   a) A menos que b) A poco que c) Salvo que d) Salvo si

15. No es tan niño .... no entienda lo que pasa.
   a) como para que b) conque c) de manera que d) de ahí que

9. EJERCICIO 1 (Expresiones y vocabulario)

1. Los resultados de los exámenes los comunicó <u>de viva voz</u> el profesor al final de la clase.
   a) en voz alta b) de palabra c) a toda prisa

2. No me extraña que te hayas enfriado. Te empeñas en salir <u>a cuerpo</u> en pleno invierno.
   a) desnudo b) sin abrigo c) en cueros

3. Siempre está <u>alardeando de</u> sus habilidades culinarias y lo cierto es que no toca un plato.
   a) presumiendo de b) aludiendo a c) exagerando

4. Elvira se levantó y salió de la habitación <u>hecha un basilisco</u>.
   a) apresurada b) enfurecida c) preocupada

5. No me gusta dejar a los niños con tu hermana porque <u>tiene las manos muy largas</u>.
   a) les da mucha propina b) les mima mucho c) les pega mucho

6. Fue a la peluquería del barrio y le cortaron el pelo <u>a trasquilones</u>.
   a) con flequillo b) desigual c) al cero

7. A los padres de Laura no les gusta su novio. Dicen que es un <u>despilfarrador</u>.
   a) seductor b) jugador c) derrochador

8. Anda, siéntate aquí y cuéntame tus <u>cuitas</u>.
   a) penas b) aventuras c) impresiones

9. Se le notan las intenciones. No hay más que ver cómo le <u>da jabón</u> al jefe.
   a) defiende b) obedece c) adula

10. No te puedes imaginar qué mal lo pasé. Estaba <u>que no me llegaba la camisa al cuerpo</u>.
   a) muy atosigado b) muy asustado c) muy nervioso

11. No te la recomiendo. Es una modista <u>de tres al cuarto</u>.
   a) de mal talante b) de poca categoría c) de poca confianza

12. Podrá con todas las dificultades. Es una mujer muy <u>resuelta</u>.
   a) testaruda b) decidida c) intransigente

13. No entiendo por qué no aceptas el trabajo. No es nada <u>desdeñable</u>.
   a) reprobable b) despreciable c) desfavorable

108   *Diploma superior de E.L.E.*

14. La última vez que lo vi me saludó <u>efusivamente</u>.
   a) afectuosamente b) fríamente c) fugazmente

15. ¡Qué suerte tiene que puede <u>vivir de las rentas</u>!
   a) alquilar lo que quiera b) vivir sin tener que trabajar c) vivir en la opulencia

9. EJERCICIO 2 (Gramática)

1. No soy .... para tomar decisiones de tal calibre.
   a) el que b) el cual c) quien d) cual

2. No me vengas a buscar a esa hora .... todavía no he llegado.
   a) no sea que b) por si c) sólo si d) excepto si

3. .... vayas avanzando en el estudio te parecerá más fácil.
   a) Mientras b) Apenas c) Desde que d) A medida que

4. Creía que ya te .... de vacaciones puesto que no .... al teléfono.
   a) ibas b) habías ido c) fueras d) vayas
   a) contestabas b) contestaras c) hubieras contestado d) contestes

5. El presidente del C.S.I.C. (Consejo Superior de Investigaciones Científicas) se sometió
   .... las preguntas .... los periodistas de buen grado.
   a) con b) a c) de
   a) con b) a c) de

6. Estaba convencido de que lo .... todo bien.
   a) hubiera hecho b) hiciera c) habría hecho d) había hecho

7. Todos los empleados secundaron la huelga .... perder sus empleos.
   a) y eso que b) si bien c) aun a riesgo de d) aun cuando

8. - Según Daniel la autovía de enlace tardará diez años en construirse.
   - Pues cuando él lo ...., por algo será.
   a) diga b) haya dicho c) dice d) dirá

9. Nada más .... a casa, llámame por favor.
   a) llegar b) llegues c) hayas llegado d) llegando

10. Iremos todos juntos a Cuba este verano según que .... todos los muchachos o no.
   a) aprobarán b) aprueben c) aprueben d) aprobaran

11. No sé de .... hablas.
   a) quien b) quién

12. Porque .... en casa no vas a olvidar antes a Olga.
    a) te encierres b) te encierras c) te encerrabas d) te encerrarás

13. Que te .... tiempo, bien; que te .... por cualquier razón, pues no te preocupes y déjalo para mañana.
    a) da b) dé
    a) retrasas b) retrases

14. ¿Puede decirme .... traje se va a probar?
    a) qué b) cuál

15. Estuvo a punto de que le .... el premio, pero en el último momento el presidente cambió su voto.
    a) concedían b) hubieran concedido c) concedieran d) concedan

10. EJERCICIO 1 (Expresiones y vocabulario)

1. Ese coche ahí aparcado <u>está entorpeciendo</u> el tráfico.
    a) dificultando b) impidiendo c) desmejorando

2. Espero que esto te sirva de <u>escarmiento</u>.
    a) lección b) práctica c) consuelo

3. <u>Se enzarzaron en</u> una discusión sin salida.
    a) Se plantearon b) Se enredaron en c) Se escaparon de

4. Esa señora, cuando <u>pega la hebra</u>, no hay quien la pare.
    a) quiere coser b) se pone a trabajar c) se pone a hablar

5. <u>Se devanaba los sesos</u> intentando buscar una solución a sus problemas económicos.
    a) No paraba de pensar b) No descansaba bien c) Inventaba cosas

6. Cuando le expliqué mi situación, lo único que hizo fue <u>encogerse de hombros</u>.
    a) escucharme b) darme dinero c) mostrar indiferencia

7. Por favor, cuando salgas, deja la puerta <u>entornada</u>.
    a) cerrada con llave b) abierta de par en par c) entreabierta

8. Gracias por escucharme, tenía una necesidad imperiosa de <u>desahogarme</u>.
    a) aliviar mi pena b) zambullirme c) ahorcarme

9. El Colegio de Abogados <u>se sumó</u> a la petición de <u>indulto</u> para los presos políticos.
    a) se adhirió/gracia b) se negó/castigo c) anunció/injusticia

10. No hay <u>pero</u> que valga.
    a) excusa b) dificultad c) conjunción

Diploma superior de E.L.E.

11. Me trajo una pila de exámenes para corregir.

    a) una columna b) un montón c) una batería

12. ¡Y después de todo, qué más da!

    a)caro b) importa c) lata

13. No quiere vivir con nosotros; quiere vivir por su cuenta.

    a) independiente b) de alquiler c) de gorra

14. Tú aquí estás de más.

    a) eres fundamental b) sobras c) eres como los demás

15. Sus argumentos son realmente irrefutables.

    a) muy importantes b) irrebatibles c) discutibles

10. EJERCICIO 2 (Gramática)

1. En aquel .... yo estaba dedicada .... cuerpo y alma a la investigación.

   a) entreacto b) punto c) período
   a) en b) con c) de

2. ¡Mira .... lo que nos sale ahora!

   a) con b) en c) ante

3. Pues sí que .... te parece mucho tu hijo.

   a) se b) ø

4. No soporto .... agua, me sabe mal.

   a) esta b) este c) la

5. ¡Quién .... a pensar que las cosas se desencadenarían de esa manera!

   a) iría b) va c) iba

6. Lo que tú deberías .... hacer es irte unos días de vacaciones.

   a) de b) ø

7. Hay que decir las cosas .... como son.

   a) tal b) tales c) así

8. ¿Qué hacemos con .... dinero?

   a) el sobrante b) el resto del c) el demás

9. .... que iba a su casa se quedaba un rato oyendo sus cuentos.

   a) Cada vez b) Todos los días c) Cierto día

10. Hasta ahora no ha habido persona .... que .... resolverlo.

    a) ninguna/pueda b) alguna/haya podido c) ninguna/pudiera

11. Los niños no podían moverse sin llevar a alguien detrás que los ....

    a) vigilara b) vigile c) vigilaría

12. Le pidió que no se inquietara por ese asunto, que lo dejara .... su cuenta.

    a) por b) a c) de

13. Buena falta me .... unos cuantos milloncitos.

    a) habrán hecho b) están haciendo c) hagan

14. Él gasta .... arreglo a lo que gana.

    a) en b) de c) con

15. Como no estés a tu hora, no .... a salir.

    a) vuelves b) volvieras c) volverías

11. EJERCICIO 1 (Expresiones y vocabulario)

1. Las dificultades que podéis encontrar son <u>nimias</u> comparadas con los beneficios económicos que vais a obtener.

    a) inferiores b) máximas c) insignificantes

2. Es una persona realmente audaz y muy <u>ocurrente</u>.

    a) astuta b) ingeniosa c) explícita

3. Yo creo que esta comida está <u>en mal estado</u>.

    a) estropeada b) quemada c) muy sosa

4. Estoy tan preocupada que no puedo <u>conciliar el sueño</u>.

    a) soñar b) dormir c) ilusionarme con nada

5. El artículo lo escribiré mañana, hoy <u>no estoy en forma</u>.

    a) tengo sueño b) no tengo tiempo c) no me encuentro bien

6. Las <u>reivindicaciones</u> de los trabajadores fueron aceptadas por la patronal.

    a) disquisiciones b) reclamaciones c) solicitudes

7. Su sensibilidad ha quedado <u>plasmada</u> en toda su obra.

    a) extendida   b) reflejada c) dibujada

8. Fernando desde que se ha casado <u>se ha apoltronado</u>.

    a) ha engordado b) ha perdido alegría c) ha dejado de ser activo

Prueba 4

9. Estoy harta de vivir entre tanta <u>mezquindad</u>.
   a) *ruindad* b) *falsedad* c) *modestia*

10. Zorrilla, <u>en suma</u>, se resiste a aceptar que lo único que empuja a don Juan es la acumulación de aventuras.
    a) *resumiendo* b) *añadiendo* c) *por fin*

11. Ese pantalón con esa blusa <u>no pega ni con cola</u>.
    a) *no se adapta* b) *no combina* c) *no se lleva*

12. Espero que no <u>pongan en cuestión</u> nada de lo que les he contado.
    a) *duden de* b) *intervengan en* c) *hagan preguntas sobre*

13. Este tema lo <u>he traído a colación</u> porque lo considero fundamental para el buen desarrollo de nuestras relaciones.
    a) *he elaborado* b) *he mencionado* c) *he estudiado seriamente*

14. <u>Desengáñate</u>, la vida no es un camino de rosas.
    a) *Convéncete* b) *Conténtate* c) *Anímate*

15. Estoy dispuesta a llevarlo hasta el final, no pienso <u>claudicar</u>.
    a) *descorazonarme* b) *traspasarlo* c) *desistir*

11. EJERCICIO 2 (Gramática)

1. Su familia se opuso a que se .... con él.
   a) *case* b) *casara* c) *hubiera casado*

2. No sé si ...., hace mucho frío.
   a) *salga* b) *salir* c) *saliera*

3. Ojalá .... pronto para poder ir al cine.
   a) *llegue* b) *llegaría* c) *llegará*

4. No saldré de casa hasta .... este ejercicio.
   a) *termino* b) *termine* c) *terminaré* d) *terminar*

5. Si .... tiempo, iría a verte.
   a) *tengo* b) *tuviera* c) *tendré*

6. Cuando supo lo ocurrido, ... saltaron las lágrimas.
   a) *se les* b) *se la* c) *se le*

7. ¿Sabes .... es el color preferido de Juan?
   a) *cuál* b) *qué*

8. Supongo que .... estado toda la mañana trabajando.
   a) habrás b) hayas c) hubieras

9. Estoy .... favor de lo que propuso el Sr. Robles.
   a) a b) en c) para

10. Compramos el vino .... granel al bodeguero de la esquina.
    a) con b) a c) de

11. El viernes me voy de viaje. .... a las 8h. de la mañana.
    a) Saldré b) Iré a salir c) Estaré saliendo

12. En el momento más crítico no encontré a .... que me echara una mano.
    a) nadie b) ningún c) alguno

13. Hoy estamos .... 25 de abril.
    a) en b) a

14. No me gusta el cine .... el teatro.
    a) pero b) sino

15. Dado que .... nevadas en toda la provincia, la Dirección General de Tráfico recomienda precauciones y el uso de cadenas.
    a) se pronostican b) se pronostiquen

12. EJERCICIO 1 (Expresiones y vocabulario)
1. Este desgraciado no tiene ni dónde caerse muerto.
   a) no tiene tumba b) es muy débil c) es muy pobre

2. No pienso volver a dirigirle la palabra.
   a) hablarle b) escribirle c) molestarle

3. A mí no me gusta lidiar con gente de esa calaña.
   a) tratar/categoría b) torear/escala c) pelear/pasta

4. Le dieron gato por liebre.
   a) Le aconsejaron mal b) Le dieron mal de comer c) Le estafaron

5. Se casa en segundas nupcias.
   a) con la misma persona b) por dos ritos c) por segunda vez

6. Oye, ya está bien de meter la pata.
   a) jugar al fútbol b) indiscreciones c) cojear

Diploma superior de E.L.E.

7. Nos contó una historia <u>truculenta</u>.
   a) llena de trucos b) atroz c) falsa

8. Por favor, no te entrometas. Este asunto <u>no es de tu incumbencia</u>.
   a) no te atañe b) es muy escabroso c) es peligroso

9. Vive <u>inmerso en</u> un mundo de fantasmas.
   a) intentando salir de b) describiendo c) sumergido en

10. No desiste. Continúa <u>indagando</u> sobre el paradero de su hija.
    a) recibiendo información b) investigando c) apostando

11. Ese chico <u>no tiene ni un pelo de tonto</u>.
    a) es calvo b) es algo retrasado c) es bastante inteligente

12. En el banquete de la boda de Julita nos sirvieron un salmón <u>suculento</u>.
    a) fresquísimo b) carísimo c) sabrosísimo

13. Es <u>menester</u> decírselo cuanto antes.
    a) obligatorio b) necesario c) urgente

14. Mucha amistad, pero al final <u>la ha puesto por los suelos</u>.
    a) la ha ensalzado b) la ha difamado c) la ha boicoteado

15. Lo que tú estás pensando, son sólo <u>conjeturas</u>, todavía no hay nada seguro.
    a) suposiciones b) disquisiciones c) esperanzas

12. EJERCICIO 2 (Gramática)

1. Acuérdate de coger el paraguas, ... llueva.
   a) por si b) no sea que c) acaso

2. Lo perdono todo .... nos hayas engañado tan tontamente.
   a) menos que b) a menos que c) pero no

3. No se encontraba bien, ... decidió no acudir a la cita.
   a) pues b) así que c) tan que d) no obstante

4. Nos dijo que .... a venir tan pronto como ....
   a) iría /pudiera b) iba/podía c) iba/pudiera d) iría /podía

5. .... siendo verdad lo que dices, no podemos negarle lo que nos pide.
   a) Aun b) De c) si

6. Como .... a hacerlo, tendrás que atenerte a las consecuencias.
   a) vuelves b) volvieras c) vuelvas

7. .... que a tu hermana la han vuelto a contratar en la empresa, ¿eh?
a) De modo b) Puesto c) Como

8. .... llegó, me llamó sin perder un solo segundo.
a) En cuando b) Así como c) En cuanto d) Cuanto

9. Yo la sustituiré en la oficina .... esté en París.
a) mientras b) mientras tanto c) a medida que

10. No .... en mí y eso me duele.
a) se fía b) se confía c) confía d) fía

11. Ana le reprochó a Javier que se .... así ayer en casa de sus padres.
a) Comportó b) haya comportado c) hubiese comportado d) había comportado

12. El arquitecto hizo .... los planos a los propietarios del terreno.
a) que vieran b) haber visto c) ver d) que hubieran visto

13. María, desde que la arañó mi gata, no soporta que ....
a) se le acerque b) se la acerque

14. Lleva tantos años viviendo en España que ha decidido .... español.
a) convertirse b) ponerse c) hacerse d) llegar a ser

15. Las autoridades sanitarias advierten que el tabaco .... ser perjudicial para la salud.
a) puede b) pueda

13. EJERCICIO 1 (Expresiones y vocabulario)

1. La policía <u>cacheó</u> a todos los que entraban para ver si llevaban armas.
a) interrogó b) registró c) manoseó

2. La sala estaba <u>profusamente</u> decorada.
a) escasamente b) simplemente c) abundantemente

3. <u>Se empecinó en</u> hacerlo.
a) se empeñó en   b) se negó a c) se arrepintió de

4. Los médicos no <u>dieron con</u> la causa de la enfermedad.
a) declararon b) descubrieron c) investigaron

5. La sala de fiestas estaba <u>atiborrada</u> de gente.
a) muy llena b) casi llena c) casi vacía

6. La situación era tensa y todos esperábamos que alguien <u>le echara un capote</u>.
a) lo ocultara b) le insultara c) saliera en su ayuda

7. <u>Estoy en un apuro</u>, ¿podéis ayudarme?

a) Tengo prisa b) Estoy en una situación difícil c) Estoy dudoso

8. Si no tienes dinero, ya puedes <u>ahuecar el ala</u>, me dijo.

a) ahorrar b) pedir un préstamo c) marcharte

9. Realmente este chico es muy <u>irascible</u>.

a) terco b) irritable c) asustadizo

10. Voy muy poco por su casa porque vive <u>en el quinto pino</u>.

a) en un ático b) muy lejos c) en un lugar sombrío

11. Vino a la excursión <u>a regañadientes</u>.

a) contentísimo b) sin equipaje c) de mala gana

12. Las historias que te cuenta son <u>una sarta</u> de mentiras.

a) un montón b) un collar c) una cadena

13. Cuidado con esta niña, que es de <u>mírame y no me toques</u>.

a) preciosa b) muy frágil c) muy creída

14. De su carácter lo que más me martirizaba era su <u>indolencia</u>.

a) atrevimiento b) dejadez c) sufrimiento

15. Ya está bien de <u>hacer el primo</u>.

a) llegar el primero b) dejarse engañar c) pagar los gastos

13. EJERCICIO 2 (Gramática)

1. Le pedí que lo .... y al poco rato ya lo ....

a) haga/hizo b) hiciera/había hecho c) haría/hace

2. .... Pero... ¿tú trabajas en esta empresa? ¡Qué sorpresa!

a) ¡Venga ya! b) ¡Anda! c) ¡Dale!

3. Le sugestionaron tanto que incluso .... que estaba gravemente enfermo.

a) vino a creer b) llegó a creer c) terminó a creer

4. Es un edificio muy tranquilo y lo sería aún más si no .... por los vecinos del tercero primera.

a) es b) fuera c) era d)sea

5. Entrégaselo ya, no .... que no queremos devolvérselo.

a) piensan b) pensaran c) piensen

6. ¡Es el colmo de la ignorancia!, toma dos píldoras al día .... no quedarse embarazada.
   a) para que b) de modo c) a fin de

7. No vino porque lo .... sino porque se lo .... yo.
   a) invitaste b) invites c) invitarías
   a) pidiera b) hubiera pedido c) pedí

8. Tengo muchísimo trabajo; por lo .... todo me va bien.
   a) resto b) otro c) demás

9. Me entregó un sobre .... bastante dinero.
   a) que contenía b) conteniendo c) que contuvo

10. Su generosidad es igual para .... todos.
    a) por b) con c) de

11. .... llegue, avísame por favor.
    a) En cuando b) Ya que c) Así que

12. .... quisiera que comentáramos algunos aspectos del contrato.
    a) En fin b) Por último c) Así que

13. He aprobado todas las asignaturas, ... me sienta muy orgullosa.
    a) de ahí que b) así que c) por lo que

14. Empezó a vestirse temiendo el momento .... su hermana volviese.
    a) en que b) donde c) en el cual

15. No sé si recuerdas que fue a tu padre .... nos encontramos aquella noche.
    a) quien b) que c) a quien

14. EJERCICIO 1 (Expresiones y vocabulario)

1. Me molesta esa manía que tiene de meter baza en la vida de los demás.
   a) intervenir b) incordiar c) colaborar

2. Inopinadamente le comenzaron a temblar las manos.
   a) Inoportunamente b) De repente c) Sin opinión

3. Pusieron el grito en el cielo cuando les dije que me iba.
   a) Protestaron b) Se alegraron c) Se levantaron apresuradamente

4. Me echó un buen rapapolvos cuando me vió.
   a) Me recibió con entusiasmo b) Me regañó c) Me abrazó

Diploma superior de E.L.E.

5. Hay que ver qué ideas tan <u>descabelladas</u> se te ocurren.
   a) absurdas b) espeluznantes c) simples

6. Tuve que contenerme cuando la vi <u>fisgando</u> en mis cajones.
   a) sondeando b) limpiando c) husmeando

7. No tengo ánimos para discutirle sus <u>majaderías</u>, pero a mí no me complica la vida.
   a) mentiras b) teorías c) necedades

8. Creo que el nuevo director todavía <u>no está al corriente de</u> la situación de la empresa.
   a) está incómodo con b) no tiene conocimiento de c) no está acostumbrado a

9. Tengo que admitir que es una persona muy <u>ocurrente</u>.
   a) original b) excéntrica c) ingeniosa

10. Para <u>llevar a cabo</u> el proyecto se necesita un cuantioso capital.
    a) realizar b) financiar c) proyectar

11. Marcela, desde su casa, nos <u>delataba a gritos</u>.
    a) nos llamaba gritando b) nos descubría con sus gritos c) nos acusaba de haber gritado

12. Ahí estaba, peleándose <u>a brazo partido</u> con el animal.
    a) con gran empeño y tenacidad b) con un brazo roto c) sin armas

13. Un gran estruendo la sacó de su <u>ensimismamiento</u>.
    a) ostracismo b) abstracción c) egoísmo

14. Se quedó <u>aterrado</u> porque hasta entonces no se había fijado en la cicatriz.
    a) parado b) sentado c) asustado

15. <u>El fallo</u> del jurado era esperado por numeroso público.
    a) El veredicto b) La equivocación c) El comentario

14. EJERCICIO 2 (Gramática)

1. Dicen que todas las mujeres, ... honestas que ...., pierden la cabeza en eso del amor.
   a) aunque/son b) por/sean c) aun/sean

2. .... lo ha dicho, será por alguna razón de peso.
   a) Porque b) Mientras c) Cuando

3. .... que te pese, tendrás que hacerlo. No tienes otra alternativa.
   a) Mal b) A pesar c) Si bien

4. No lo hará .... le prometas el puesto de director.
   a) por poco que b) y eso que c) así

5. .... sea duro de escuchar, es la cruda verdad.
   a) Por mucho que b) Cuando c) Aun cuando

6. .... pasa el tiempo, se vuelve más intransigente.
   a) Conforme b) Mientras c) A medida

7. .... muy inteligente, pero a mí me cae mal.
   a) Ha sido b) Será c) Sea

8. ¿Qué .... el señor? Tenemos una amplia gama para todos los gustos.
   a) deseara b) desearía c) deseará

9. No ha venido a la recepción de la Embajada porque .... a la sierra este fin de semana.
   a) iría b) habría ido c) habrá ido

10. Para cuando llegue lo .... ya.
    a) terminaremos   b) habremos terminado c) terminamos

11. No .... capaz de dejarme sola entre tanta gente, espero.
    a) eres b) seas c) serás

12. Déjame hacerlo .... sea por esta vez.
    a) siquiera b) con tal de que c) como

13. Esta vez voy a hacerte caso .... no estoy muy conforme con tus argumentos.
    a) pese a b) cuando c) aun cuando

14. Claro que a veces son un poco pesadas, pero yo a mis hermanas .... quiero mucho.
    a) les b) las c) ø

15. Creo que .... lo poco que hace le pagan demasiado.
    a) para b) por

15. EJERCICIO 1 (Expresiones y vocabulario)

1. Tratamos de sonsacarle algun dato, pero el chico <u>no soltó ni prenda</u>.
   a) es muy tacaño b) no habló c) no se desnudó

2. Tengo que reconocer que ese problema <u>no es moco de pavo</u>.
   a) no es insignificante b) no es para llorar c) no es importante

3. Había logrado a fuerza de trabajo <u>descollar en</u> los estudios.
   a) sobresalir en b) aprobar c) desentenderse de

4. El panorama era cuando menos <u>lóbrego</u>.
   a) esperanzador b) luminoso c) oscuro

     Diploma superior de E.L.E.

5. A veces me da la impresión de que <u>se está quedando conmigo</u>.
   a) me adora b) tenemos una cita c) me toma el pelo

6. Este escrito <u>no hay por dónde cogerlo</u>.
   a) está muy sucio b) es inasible c) es impresentable

7. Dormían en dos camas <u>adosadas</u>.
   a) dobles b) pegadas c) iguales

8. Estoy encantada con el personal que hemos contratado. Concretamente el chico es inteligente y muy <u>mañoso</u>.
   a) habilidoso b) guapo c) atento

9. Por suerte <u>ha hecho muy buenas migas</u> con los otros chicos del colegio.
   a) ha colaborado b) ha trabajado mucho c) ha congeniado

10. No se te ocurra hacerle ninguna broma. <u>No está el horno para bollos</u>.
    a) Está de mal humor b) Está enfermo c) Está muy ocupado

11. No sé que me pasa esta temporada que <u>no doy pie con bola</u>.
    a) no juego a la pelota b) no tengo ganas de nada c) no hago nada con acierto

12. Todo el mundo en algún momento tiene que hacer frente a alguna obligación <u>ineludible</u>.
    a) desagradable b) inevitable c) comprometida

13. Del mismo modo que se encuentra <u>a sus anchas</u> en medio de un ritual exagerado, también lo está en medio de una simple ceremonia.
    a) incómodo b) cómodo c) feliz

14. Aunque aparente lo contrario, todo el mundo sabe lo <u>gallina</u> que es.
    a) cobarde b) valiente c) engreído

15. Este fontanero nos ha hecho una verdadera <u>chapuza</u> en el cuarto de baño.
    a) maravilla b) porquería c) obra de arte

15. EJERCICIO 2 (Gramática)

1. Iba a una velocidad tal .... cuando quise darme cuenta ya no podía alcanzarle.
   a) como b) que c) cual

2. Si no se lo hubiera dicho se .... mucho.
   a) habrá enojado b) enojara c) habría enojado

3. Supongo que no .... difícil solucionar ese problema.
   a) sea b) esté c) será d) estará

4. ¿............. quieres que esté arreglado el televisor?
   a) Por cuando b) En cuanto c) Para cuándo

5. Me pregunto si .... llegar a tiempo.
   a) habrán podido b) hayan podido c) hubieran podido d) pudieran

6. Como .... que .... no pienso darle más vueltas al asunto.
   a) sea/sea b) quiera/sea c) es/sea

7. .... no hayas hecho los ejercicios antes del sábado, te quedarás sin salir el fin de semana.
   a) Como b) Ya que c) De ahí que d) Aunque

8. .... sus motivos, no le perdono que no haya venido.
   a) Sean lo que sean b) Cualquiera que son c) Cualesquiera que sean d) Como que sean

9. .... que lo intento, no puedo acordarme de dónde lo he puesto.
   a) Por muy b) Por más c) Por menos d) A menos

10. Se las .... de gracioso, pero a mí me cae fatal.
    a) hace b) pega c) da

11. Esta chica .... no tiene familia, no hace más que viajar.
    a) con eso de que b) dado como c) esto que d) con lo que

12. Se .... creer que su amigo hubiera podido engañarle.
    a) resistía en b) resistirá para c) resistió por d) resistía a

13. Fíjate si .... desagradecido que, después de todo lo que hice por él, ahora no me habla.
    a) sería b) sea c) será d) está

14. .... no te gustaba la música clásica, ¿eh?
    a) Así b) Conque c) Cómo d) A modo que

15. .... la situación, no vuelvo a poner los pies en esa casa.
    a) De no aclararse b) Por más que se aclara c) Siempre que se aclara d) Aclarándose

Diploma superior de E.L.E.

Prueba 4: Gramática y vocabulario

Sección 3: Detección de errores

 A continuación le presentamos varios ejercicios, en cada uno de los cuales hay dos textos. Entre los dos, debe usted detectar un total de cinco errores.

1.

TEXTO 1

Comprendo que te haya sentado mal su reacción. Estoy totalmente de acuerdo contigo en que, cualesquiera que eran sus motivos, debió haberlos expuesto antes y no dejarte quedar mal delante de toda esa gente, a ti, que todos sabemos, harías lo que fuera para él.

Comprendo	que	te	haya	sentado	mal	su	reacción.	Estoy	de	acuerdo
1	2	3	4	5	6	7	8	9	10	11

contigo	en	que,	cualesquiera	que	eran	sus	motivos,	debió	haberlos
12	13	14	15	16	17	18	19	20	21

expuesto	antes	y	no	dejarte	quedar	mal	delante	de	toda	esa	gente,
22	23	24	25	26	27	28	29	30	31	32	33

a	ti,	que	todos	sabemos,	harías	lo	que	fuera	para	él.
34	35	36	37	38	39	40	41	42	43	44

TEXTO 2

Anteayer me encontré con María, yo iba por el supermercado y ella volvía de su trabajo. Nos detuvimos por espacio de unos minutos e intercambiamos algunas palabras. Después sabía por Andrés que dos días antes se habían separado y que se encontraba en el estado lamentable.

Anteayer	me	encontré	con	María,	yo	iba	por	el	supermercado	y
45	46	47	48	49	50	51	52	53	54	55

ella	volvía	de	su	trabajo.	Nos	detuvimos	por	espacio	de	unos
56	57	58	59	60	61	62	63	64	65	66

minutos	e	intercambiamos	algunas	palabras.	Después	sabía	por
67	68	69	70	71	72	73	74

Andrés	que	dos	días	antes	se	habían	separado	y	que	se	encontraba
75	76	77	78	79	80	81	82	83	84	85	86

en	el	estado	lamentable.
87	88	89	90

Prueba 4

Sección 3

2.

TEXTO 1

Cuando están dos personas que simultáneamente empiezan a amarse, es una gran felicidad. Pero todavía está mayor felicidad cuando las dos cesan de amarse a un mismo tiempo.

Cuando	están	dos	personas	que	simultáneamente	empiezan	a	amarse,
1	2	3	4	5	6	7	8	9

es	una	gran	felicidad.	Pero	todavía	está	mayor	felicidad	cuando	las
10	11	12	13	14	15	16	17	18	19	20

dos	cesan	de	amarse	a	un	mismo	tiempo.
21	22	23	24	25	26	27	28

TEXTO 2

Ha metido el niño en la cama, lo tapa, le da un beso, apaga la luz, entornó la puerta y sale. Mira el reloj: son casi las ocho y media. Va hacia una de las habitaciones que hay en la otra parte del piso.
Su hermano le había dicho que mientras él estaba fuera, podía disponer por la casa como suya.

Ha	metido	el	niño	en	la	cama,	lo	tapa,	le	da	un	beso,	apaga	la	luz,
29	30	31	32	33	34	35	36	37	38	39	40	41	42	43	44

entornó	la	puerta	y	sale.	Mira	el	reloj:	son	casi	las	ocho	y	media.
45	46	47	48	49	50	51	52	53	54	55	56	57	58

Va	hacia	una	de	las	habitaciones	que	hay	en	la	otra	parte	del	piso.
59	60	61	62	63	64	65	66	67	68	69	70	71	72

Su	hermano	le	había	dicho	que	mientras	él	estaba	fuera,	podía
73	74	75	76	77	78	79	80	81	82	83

disponer	por	la	casa	como	suya.
84	85	86	87	88	89

Diploma superior de E.L.E.

Prueba 4

3. **TEXTO 1**

Ayer te veía: tú entrabas en una cafetería y yo pasaba en la acera de enfrente. No te saludé porque tenía mucha prisa.

Ayer	te	veía:	tú	entrabas	en	una	cafetería	y	yo	pasaba	en	la	acera
1	2	3	4	5	6	7	8	9	10	11	12	13	14

de	enfrente.	No	te	saludé	porque	tenía	mucha	prisa.
15	16	17	18	19	20	21	22	23

TEXTO 2

Ella dijo que había llegado aquella mañana en Galicia, que carecía de alojamiento y que desea que la encaminasen a una pensión decente que no estuviera muy cara.

Ella	dijo	que	había	llegado	aquella	mañana	en	Galicia,	que	carecía
24	25	26	27	28	29	30	31	32	33	34

de	alojamiento	y	que	desea	que	la	encaminasen	a	una	pensión	decente
35	36	37	38	39	40	41	42	43	44	45	46

que	no	estuviera	muy	cara.
47	48	49	50	51

4. **TEXTO 1**

Esta mañana me he lavado mi pelo, he desayunado y cuando estaba de salir me ha llamado Luis. Habíamos estado media hora conversando.

Esta	mañana	me	he	lavado	mi	pelo,	he	desayunado	y	cuando	estaba
1	2	3	4	5	6	7	8	9	10	11	12

de	salir	me	ha	llamado	Luis.	Habíamos	estado	media	hora	conversando.
13	14	15	16	17	18	19	20	21	22	23

TEXTO 2

Hemos comprado un piso estupendo. De nuestra habitación se ve una vista maravillosa. El único inconveniente está que no tiene calefacción central.

Hemos	comprado	un	piso	estupendo.	De	nuestra	habitación	se	ve	una
24	25	26	27	28	29	30	31	32	33	34

vista	maravillosa.	El	único	inconveniente	está	que	no	tiene	calefacción
35	36	37	38	39	40	41	42	43	44

central.
45

5.

TEXTO 1

No haced los ejercicios ahora. Hacedlos en casa y así podréis pensar a la gramática y no cometer muchos errores.

No	haced	los	ejercicios	ahora.	Hacedlos	en	casa	y	así	podréis	pensar
1	2	3	4	5	6	7	8	9	10	11	12

a	la	gramática	y	no	cometer	muchos	errores.
13	14	15	16	17	18	19	20

TEXTO 2

Por favor, hazlo para mí, es un favor personal. En cuando yo pueda te lo devolveré. Ya verás cómo no te arrepentiste.

Por	favor	hazlo	para	mí,	es	un	favor	personal.	En	cuando	yo	pueda	te
21	22	23	24	25	26	27	28	29	30	31	32	33	34

lo	devolveré.	Ya	verás	cómo	no	te	arrepentiste.
35	36	37	38	39	40	41	42

Prueba 4

Sección 3

6.   TEXTO 1

Cuarenta y tres personas fallecieron al 28 de febrero en un incendio. La mayoría de los muertes se produjo por inhalación de un gas letal, probablemente ácido cianhídrico, producido de la combustión de materiales plásticos.

Cuarenta	y	tres	personas	fallecieron	al	28	de	febrero	en	un	incendio.
1	2	3	4	5	6	7	8	9	10	11	12

La	mayoría	de	los	muertes	se	produjo	por	inhalación	de	un	gas	letal,
13	14	15	16	17	18	19	20	21	22	23	24	25

probablemente	ácido	cianhídrico	producido	de	la	combustión	de
26	27	28	29	30	31	32	33

materiales	plásticos.
34	35

TEXTO 2

Los grandes genios se parecen a la encina bajo de cuyas ramas se acogen los hombres mientras dura la lluvia o la borrasca; pero vuelven a pasar un día sereno al lado del árbol y entonces se entretienen arrancándose la corteza o quitándoles las hojas.

Los	grandes	genios	se	parecen	a	la	encina	bajo	de	cuyas	ramas	se
36	37	38	39	40	41	42	43	44	45	46	47	48

acogen	los	hombres	mientras	dura	la	lluvia	o	la	borrasca;	pero	vuelven
49	50	51	52	53	54	55	56	57	58	59	60

a	pasar	un	día	sereno	al	lado	del	árbol	y	entonces	se	entretienen
61	62	63	64	65	66	67	68	69	70	71	72	73

arrancándose	la	corteza	o	quitándoles	las	hojas.
74	75	76	77	78	79	80

Prueba 4

Sección 3

7.   TEXTO 1

Lo que sí te digo es que yo, no sé si es que tengo la personalidad muy mía y muy formada, pero lo que me da rabia de verdad es cuando salgas con un chico y descubres que estás saliendo con la fotocopia de un otro mejor. Y la fotocopia nunca alcanza la calidad del original.

Lo	que	sí	te	digo	es	que	yo,	no	sé	si	es	que	tengo	la	personalidad
1	2	3	4	5	6	7	8	9	10	11	12	13	14	15	16

muy	mía	y	muy	formada,	pero	lo	que	me	da	rabia	de	verdad	es	cuando
17	18	19	20	21	22	23	24	25	26	27	28	29	30	31

salgas	con	un	chico	y	descubres	que	estás	saliendo	con	la	fotocopia
32	33	34	35	36	37	38	39	40	41	42	43

de	un	otro	mejor.	Y	la	fotocopia	nunca	alcanza	la	calidad	del	original.
44	45	46	47	48	49	50	51	52	53	54	55	56

TEXTO 2

El ajedrecista suele devenir en una criatura individualista y encerrada a sí misma. La reunión olímpica está el mejor antídoto contra esta tendencia. El espíritu es reunir a toda la familia aje-drecística del mundo para atar amistades, reencontrar viejos afectos y jugar un poco de ajedrez que es de lo que se tratara.

El	ajedrecista	suele	devenir	en	una	criatura	individualista	y	encerrada
57	58	59	60	61	62	63	64	65	66

a	sí	misma.	La	reunión	olímpica	está	el	mejor	antídoto	contra	esta	tendencia.
67	68	69	70	71	72	73	74	75	76	77	78	79

El	espíritu	es	reunir	a	toda	la	familia	ajedrecística	del	mundo	para
80	81	82	83	84	85	86	87	88	89	90	91

atar	amistades,	reencontrar	viejos	afectos	y	jugar	un	poco	de	ajedrez
92	93	94	95	96	97	98	99	100	101	102

que	es	de	lo	que	se	tratara.
103	104	105	106	107	108	109

FOOTER:

128   *Diploma superior de E.L.E.*

Prueba 4

8. TEXTO 1

Nos casamos una mañana a principios de abril. ¿Porqué? ¿Qué me impulsó a tomar una decisión tan alocada? Supongo que confundiera aquella pasión con el amor.

Nos	casamos	una	mañana	a	principios	de	abril.	¿Porqué?	¿Qué	me
1	2	3	4	5	6	7	8	9	10	11

impulsó	a	tomar	una	decisión	tan	alocada?	Supongo	que	confundiera	aquella
12	13	14	15	16	17	18	19	20	21	22

pasión	con	el	amor.
23	24	25	26

TEXTO 2

Nos gustan que un hombre diga francamente lo cual piensa, cuando coincide de nuestra opinión.

Nos	gustan	que	un	hombre	diga	francamente	lo	cual	piensa,	cuando
27	28	29	30	31	32	33	34	35	36	37

coincide	de	nuestra	opinión.
38	39	40	41

9. TEXTO 1

Cuando a ella le dieron de alta en el hospital debería ocuparse sin tardanza de demasiadas cosas como por prestar atención a esas necedades.

Cuando	a	ella	le	dieron	de	alta	en	el	hospital	debería	ocuparse	sin
1	2	3	4	5	6	7	8	9	10	11	12	13

tardanza	de	demasiadas	cosas	como	por	prestar	atención	a	esas	necedades.
14	15	16	17	18	19	20	21	22	23	24

 **Prueba 4**

TEXTO 2

¡Pobre Osorio! ¡Quién hubo de decirme que cuando nos despedimos aquella noche nos estábamos despidiendo para siempre jamás! Por razones que aún tardara mucho en comprender, nunca me tuvo simpatía, pero ello no impidió que yo le tuviera en alta estima.

¡Pobre	Osorio!	¡Quién	hubo	de	decirme	que	cuando	nos	despedimos	aquella
25	26	27	28	29	30	31	32	33	34	35

noche	nos	estábamos	despidiendo	para	siempre	jamás!	Por	razones	que	aún
36	37	38	39	40	41	42	43	44	45	46

tardara	mucho	en	comprender,	nunca	me	tuvo	simpatía,	pero	ello	no	impidió
47	48	49	50	51	52	53	54	55	56	57	58

que	yo	le	tuviera	en	alta	estima.
59	60	61	62	63	64	65

10.

TEXTO 1

Bien recortando el pelo y oliendo a perfume, salí de la peluquería por el propósito de darme la vuelta por el café.

Bien	recortando	el	pelo	y	oliendo	a	perfume,	salí	de	la	peluquería	por
1	2	3	4	5	6	7	8	9	10	11	12	13

el	propósito	de	darme	la	vuelta	por	el	café:
14	15	16	17	18	19	20	21	22

TEXTO 2

Un buen amigo es un hombre para el tal nuestra vida no tiene secretos y que, a pesar con todo, nos aprecia.

Un	buen	amigo	es	un	hombre	para	el	tal	nuestra	vida	no	tiene	secretos
23	24	25	26	27	28	29	30	31	32	33	34	35	36

y	que,	a	pesar	con	todo,	nos	aprecia.
37	38	39	40	41	42	43	44

11. TEXTO 1

Saber cómo las cosas no son es mucho más fácil en saber cómo son. Este último sirve de muy poco, pero lo primero no sirve por nada.

Saber	cómo	las	cosas	no	son	es	mucho	más	fácil	en	saber	cómo	son.	Este
1	2	3	4	5	6	7	8	9	10	11	12	13	14	15

último	sirve	de	muy	poco,	pero	lo	primero	no	sirve	por	nada.
16	17	18	19	20	21	22	23	24	25	26	27

TEXTO 2

El matrimonio es como una plaza sitiada; los que están afuera quieren entrar y los que están adentro quieren salir.

El	matrimonio	es	como	una	plaza	sitiada;	los	que	están	afuera	quieren
28	29	30	31	32	33	34	35	36	37	38	39

entrar	y	los	que	están	adentro	quieren	salir.
40	41	42	43	44	45	46	47

12. TEXTO 1

Se empieza de ser viejo cuando uno se decide a no expresar ante público más ideas que las cuales son gratas a quien le escucha.

Se	empieza	de	ser	viejo	cuando	uno	se	decide	a	no	expresar	ante	público
1	2	3	4	5	6	7	8	9	10	11	12	13	14

más	ideas	que	las	cuales	son	gratas	a	quien	le	escucha.
15	16	17	18	19	20	21	22	23	24	25

 **Prueba 4**

TEXTO 2

El abuelo se quedó. No consintió a dejar la casa aunque me habían encargado que lo saque por la fuerza.

El	abuelo	se	quedó.	No	consintió	a	dejar	la	casa	aunque	me	habían	encargado
26	27	28	29	30	31	32	33	34	35	36	37	38	39

que	lo	saque	por	la	fuerza.
40	41	42	43	44	45

13.   TEXTO 1

Desde que me haya cambiado el metabolismo tengo muchísimo hambre y me paso el día comiendo. Lo bueno es que no engordo.

Desde	que	me	haya	cambiado	el	metabolismo	tengo	muchísimo	hambre	y
1	2	3	4	5	6	7	8	9	10	11

me	paso	el	día	comiendo.	Lo	bueno	es	que	no	engordo.
12	13	14	15	16	17	18	19	20	21	22

TEXTO 2

Por fin te encuentro. ¿Por qué no has dado señales de vida? Ni que te hayas muerto. Lo siento, chica, pero han habido obras en casa, he tenido un montón de trabajo. Es por aquello por lo que no te he llamado.

Por	fin	te	encuentro.	¿Por	qué	no	has	dado	señales	de	vida?	Ni	que
23	24	25	26	27	28	29	30	31	32	33	34	35	36

te	hayas	muerto.	Lo	siento,	chica,	pero	han	habido	obras	en	casa,	he	tenido	un
37	38	39	40	41	42	43	44	45	46	47	48	49	50	51

montón	de	trabajo.	Es	por	aquello	por	lo	que	no	te	he	llamado.
52	53	54	55	56	57	58	59	60	61	62	63	64

14.

TEXTO 1

Lo cierto es que El Quijote es un libro difícil y le atrevería a cuestionar la oportunidad de dárselo a los colegiales. Sobre El Quijote se han vertido tantos ríos con tinta que lo que se pueda añadir parece superfluo.

Lo	cierto	es	que	El	Quijote	es	un	libro	difícil	y	le	atrevería	a	cuestionar	la
1	2	3	4	5	6	7	8	9	10	11	12	13	14	15	16

oportunidad	de	dárselo	a	los	colegiales.	Sobre	El	Quijote	se	han	vertido	tantos
17	18	19	20	21	22	23	24	25	26	27	28	29

ríos	con	tinta	que	lo	que	se	pueda	añadir	parece	superfluo.
30	31	32	33	34	35	36	37	38	39	40

TEXTO 2

Esta ciudad es impresionante: siempre está en movimiento. Cuando salgamos para las islas el miércoles por la noche encontramos un tráfico espantoso y ayer de madrugada, al llegar, estaba ya de marcha. Si podría me quedaba aquí a vivir.

Esta	ciudad	es	impresionante:	siempre	está	en	movimiento.	Cuando	salgamos
41	42	43	44	45	46	47	48	49	50

para	las	islas	el	miércoles	por	la	noche	encontramos	un	tráfico	espantoso	y	ayer
51	52	53	54	55	56	57	58	59	60	61	62	63	64

de	madrugada,	al	llegar,	estaba	ya	de	marcha.	Si	podría	me	quedaba	aquí	a	vivir.
65	66	67	68	69	70	71	72	73	74	75	76	77	78	79

15.   TEXTO 1

En aquella época yo estaba saliendo con un periodista quien escribía unos artículos interesantísimos y que a mí me gustaban con barbaridad. Pero la historia se terminó al irse de corresponsal al Japón.
Hace un mes, unos amigos me dijeron de que estaba casado con una japonesa.

En	aquella	época	yo	estaba	saliendo	con	un	periodista	quien	escribía	unos	artículos
1	2	3	4	5	6	7	8	9	10	11	12	13

interesantísimos	y	que	a	mí	me	gustaban	con	barbaridad.	Pero	la	historia
14	15	16	17	18	19	20	21	22	23	24	25

se	terminó	al	irse	de	corresponsal	al	Japón.	Hace	un	mes,	unos	amigos	me
26	27	28	29	30	31	32	33	34	35	36	37	38	39

dijeron	de	que	estaba	casado	con	una	japonesa.
40	41	42	43	44	45	46	47

TEXTO 2

Conchita nunca se enteró de nada respecto a ese pobre tornero. Jamás no supo quién era, de dónde provenía ni qué quería de ella en el fondo. Le caía bien, pero su pasado oscuro la daba miedo.

Conchita	nunca	se	enteró	de	nada	respecto	a	ese	pobre	tornero.	Jamás	no	supo
48	49	50	51	52	53	54	55	56	57	58	59	60	61

quién	era,	de	dónde	provenía	ni	qué	quería	de	ella	en	el	fondo.	Le	caía	bien	pero
62	63	64	65	66	67	68	69	70	71	72	73	74	75	76	77	78

su	pasado	oscuro	la	daba	miedo.
79	80	81	82	83	84

Diploma superior de E.L.E.

Apéndice

1. Claves de ejercicios

● ●

A: Comprensión de lectura y expresión escrita

Prueba 1: Comprensión de lectura

Ejercicio primero: Textos completos

1. Beltenebros.	1-V/2-F/3-F/4-F/5-V/6-F/7-V/8-F/9-F/10-V
2. Cuidado con la codicia.	1-c/2-b/3-b/4-b
3. La fuerza del destino.	1-b/2-b/3-a/4-b/5-b
4. La agonía parte de Mataró.	1-V/2-V/3-F/4-V/5-F/6-V/7-V/8-F
5. La letra eñe.	1-c/2-a/3-a/4-b
6. Las oscuras raíces del flamenco.	1-c/2-a/3-b/4-c
7. El increíble número de comprarse un piso.	1-c/2-b/3-b/4-b/5-b
8. Tribulaciones de un estudiante.	1-c/2-c/3-a/4-b/5-b
9. La rosa de Paracelso.	1-c/2-b/3-c/4-c/5-a/6-b
10. Aprender a envejecer.	1-a/2-b/3-c/4-a/5-c

Ejercicio segundo: Textos fragmentados

1. Entrevista a Carmen Maura.	1-G/2-E/3-B/4-F/5-C/6-H/7-D/8-A/9-I
2. Entrevista a Luis Landero.	1-F/2-C/3-E/4-D/5-B/6-G/7-A
3. Entrevista a Joselito.	1-K/2-I/3-A/4-B/5-E/6-H/7-C/8-J/9-F/10-D/11-G
4. Entrevista a Octavio Paz.	1-E/2-C/3-B/4-A/5-F/6-D/7-H/8-G
5. Entrevista a Cristina Narbona.	1-J/2-F/3-I/4-B/5-C/6-E/7-H/8-A/9-G/10-D
6. Entrevista a Antxón Urrusolo.	1-C/2-H/3-E/4-B/5-D/6-A/7-F/8-G
7. Entrevista a Alberto Castejón.	1-D/2-F/3-B/4-C/5-J/6-G/7-H/8-I/9-E/10-A
8. Entrevista a Moncho Vilas.	1-F/2-G/3-D/4-C/5-B/6-I/7-A/8-E/9-H
9. El primer Seat.	1-I/2-C/3-J/4-D/5-F/6-B/7-H/8-A/9-E/10-G
10. Lanzarote, la luna fértil.	1-C/2-I/3-A/4-B/5-H/6-J/7-G/8-D/9-E/10-F
11. El tango.	1-C/2-B/3-E/4-D/5-F/6-A/7-G/8-I/9-H
12. Informe: Chiapas.	1-B/2-D/3-H/4-G/5-E/6-F/7-A/8-C
13. ¡Hay que civilizarlos!	1-H/2-B/3-D/4-F/5-G/6-J/7-E/8-C/9-A/10-I
14. Geografía culinaria de Cataluña.	1-C/2-F/3-D/4-B/5-A/6-E

B: Comprensión auditiva y expresión oral

Prueba 3 a: Comprensión auditiva

1. El Escorial.	1-V/2-V/3-F/4-V/5-V/6-V/7-F
2. Catecismos americanos.	1-a/2-b/3-c
3. Entrevista a J. Palencia.	1-a/2-b/3-c
4. Entrevista a Jose Mª Mújica	1-V/2-F/3-F/4-V
5. Programa Intercultura.	1-c/2-a/3-b/4-a/5-a/6-b/7-a
6. Entrevista a Luis M. Domínguez.	1-F/2-F/3-F/4-V/5-F
7. Tierra de Campos.	1-b/2-c/3-a/4-a
8. Industria farmacéutica.	1-c/2-a/3-b
9. La cabra montés.	1-c/2-a/3-c/4-a
10. La Pseudo-ciencia.	1-V/2-F/3-V/4-F
11. Andalucía.	1-b/2-b/3-a
12. Fonocarta de Cortázar.	1-b/2-a/3-b/4-c
13. Entrevista a Ernesto Sábato.	1-c/2-c/3-b

C: Gramática y vocabulario

Prueba 4: Gramática y vocabulario

Sección 1: Texto incompleto

1. La pastilla.	1-b/2-c/3-a/4-b/5-c/6-b/7-c/8-b/9-c/10-c/11-a 12-c/13-b/14-b/15-b/16-a/17-a/18-c/19-a/20-a
2. Silencio en la noche.	1-b/2-c/3-a/4-b/5-c/6-b/7-b/8-b/9-a/10-b/11-b 12-a/13-b/14-c/15-b
3. La soledad era esto.	1-a/2-c/3-b/4-a/5-b/6-c/7-a/8-b/9-c/10-c/11-a 12-c/13-a/14-b/15-b
4. Invitar al jefe.	1-b/2-a/3-a/4-c/5-c/6-c/7-a/8-b/9-c/10-a/11-b 12-c/13-b/14-a/15-b

5. Dejaré de fumar.

6. Fin de semana.

7. El eterno masculino.

8. Eterno femenino.

9. Cleptómana.

10. Esquilo.

11. La ilusión de la casualidad.

12. Quince de agosto.

13. El descrédito del trabajo.

14. Tehuantepec.

15. Seducción.

1-c/2-b/3-b/4-b/5-a/6-c/7-a/8-b/9-b/10-b
1-a/2-b/3-c/4-a/5-b/6-a/7-a/8-c/9-a/10-c
1-b/2-c/3-b/4-b/5-c/6-c/7-a/8-b/9-c/10-b/11-c
12-a/13-b/14-c/15-b/16-b
1-b/2-c/3-c/4-a/5-b/6-b/7-a/8-b/9-a/10-c/11-c
12-b
1-b/2-a/3-b/4-c/5-b/6-a/7-c/8-c/9-b/10-a/11-b
12-c/13-b/14-b/15-c/16-a/17-b/18-c/19-a/20-b
1-c/2-c/3-b/4-b/5-a/6-b/7-b/8-c/9-b/10-b/11-b
12-a
1-b/2-c/3-a/4-c/5-a/6-a/7-a/8-b/9-b/10-a/11-b
12-a/13-b/14-b/15-b/16-b/17-b/18-b/19-a/20-c
1-a/2-b/3-b/4-c/5-c/6-a/7-b/8-a/9-c/10-c/11-a
12-b/13-b/14-c/15-a/16-c/17-b/18-c/19-a/20-c
1-b/2-c/3-a/4-b/5-b/6-a/7-a/8-a/9-b/10-c/11-b
12-a
1-b/2-c/3-a/4-b/5-b/6-c/7-b/8-a/9-c/10-c/11-a
12-c/13-b/14-b/15-c/16-a/17-c/18-c/19-a/20-b
1-b/2-a/3-c/4-b/5-c/6-a/7-a/8-c/9-a/10-b/11-a
12-b/13-a/14-c/15-a/16-b/17-c/18-a

Sección 2: Selección múltiple

1. Ejercicio 1

   Ejercicio 2

2. Ejercicio 1

   Ejercicio 2

3. Ejercicio 1

   Ejercicio 2

4. Ejercicio 1

   Ejercicio 2

5. Ejercicio 1

   Ejercicio 2

6. Ejercicio 1

   Ejercicio 2

7. Ejercicio 1

   Ejercicio 2

8. Ejercicio 1

   Ejercicio 2

9. Ejercicio 1

1-b/2-a/3-c/4-c/5-c/6-b/7-a/8-a/9-c/10-c/11-c
12-c/13-a/14-b/15-a
1-b/2-a/3-b/4-a/5-d/6-b/7-c/8-c/9-b/10-d/11-c
12-c/13-a/14-a/15-a
1-a/2-a/3-b/4-c/5-b/6-c/7-b/8-b/9-a/10-b/11-b
12-a/13-a/14-a/15-a
1-b/2-a/3-c/4-b/5-c/6-b/7-a/8-b/9-c/10-a/11-b
12-a/13-b/14-b/15-a
1-a/2-c/3-b/4-b/5-a/6-b/7-b/8-a/9-a/10-c/11-c
12-b/13-a/14-a/15-a
1-a/2-a/3-b/4-c/5-b/6-b/7-a/8-c/9-b/10-a/11-c
12-a/13-c/14-c/15-c
1-b/2-c/3-a/4-c/5-a/6-a/7-c/8-a/9-b/10-b/11-c
12-a/13-b/14-b/15-a
1-b/2-c/3-c/4-d/5-a/6-c/7-b/8-d/9-b/10-c/11-c
12-d/13-c/14-a/15-c
1-c/2-a/3-b/4-b/5-c/6-b/7-a/8-c/9-a/10-c/11-a
12-a/13-b/14-c/15-c
1-b/2-b/3-b/4-c/5-c/6-a/7-b/8-b/9-d/10-c/11-a
12-a/13-b/14-b/15-c
1-a/2-c/3-a/4-b/5-c/6-a/7-a/8-c/9-c/10-b/11-b
12-a/13-a/14-b/15-c
1-c/2-a/3-a/4-c/5-c/6-d/7-b/8-a/9-b/10-b/11-c
12-b/13-a/14-a/15-a
1-c/2-a/3-b/4-b/5-b/6-a/7-b/8-b/9-a/10-b/11-c
12-a/13-b/14-a/15-a
1-b/2-b/3-b/4-b/5-b/6-a/7-a/8-a/9-a/10-a/11-c
12-b/13-b/14-a/15-a
1-a/2-a/3-b/4-a/5-c/6-a/7-a/8-a/9-b/10-c/11-b
12-c/13-b/14-c/15-a
1-a/2-a/3-a/4-b/5-a/6-a/7-a/8-a/9-a/10-b/11-b
12-a/13-a,d/14-b/15-a
1-b/2-b/3-a/4-b/5-c/6-b/7-c/8-a/9-c/10-b/11-b
12-b/13-b/14-a/15-b

Ejercicio 2	1-c/2-b/3-d/4-b,a/5-b,c/6-d/7-c/8-c/9-a/10-c/11-b 12-a/13-a,a/14-a/15-c
10. Ejercicio 1	1-a/2-a/3-b/4-c/5-a/6-c/7-c/8-a/9-a/10-a/11-b 12-b/13-a/14-b/15-b
Ejercicio 2	1-c,a/2-a/3-a/4-a/5-c/6-b/7-a/8-b/9-a/10-b/11-a 12-c/13-b/14-c/15-a
11. Ejercicio 1	1-c/2-b/3-a/4-b/5-c/6-b/7-b/8-c/9-a/10-a/11-b 12-a/13-b/14-a/15-c
Ejercicio 2	1-b/2-b/3-a/4-d/5-b/6-c/7-a/8-a/9-a/10-b/11-a 12-a/13-b/14-b/15-a
12. Ejercicio 1	1-c/2-a/3-a/4-c/5-c/6-b/7-b/8-a/9-c/10-b/11-c 12-c/13-b/14-b/15-a
Ejercicio 2	1-b/2-a/3-b/4-c/5-a/6-c/7-a/8-c/9-a/10-c/11-c 12-c/13-a/14-c/15-a
13. Ejercicio 1	1-b/2-c/3-a/4-b/5-a/6-c/7-b/8-c/9-b/10-b/11-c 12-a/13-b/14-b/15-b
Ejercicio 2	1-b/2-b/3-b/4-b/5-c/6-c/7-a,c/8-c/9-a/10-b/11-c 12-b/13-a/14-a/15-c
14. Ejercicio 1	1-a/2-b/3-a/4-b/5-a/6-c/7-c/8-b/9-c/10-a/11-b 12-a/13-b/14-c/15-a
Ejercicio 2	1-b/2-c/3-a/4-c/5-c/6-a/7-b/8-b/9-c/10-b/11-c 12-a/13-c/14-b/15-a
15. Ejercicio 1	1-b/2-a/3-a/4-c/5-c/6-c/7-b/8-a/9-c/10-a/11-c 12-b/13-b/14-a/15-b
Ejercicio 2	1-b/2-c/3-c/4-c/5-a/6-b/7-a/8-c/9-b/10-c/11-a 12-d/13-c/14-b/15-a

Sección 3: Detección de errores

1. Texto 1.............17(fueran), 43(por)
   Texto 2.............52(para), 73(supe), 88(un)
2. Texto 1............. 2(hay), 16(es)
   Texto 2.............31(al), 45(entorna), 85(de)
3. Texto 1............. 3(vi), 12(por)
   Texto 2.............31(a), 39(deseaba), 49(fuera)
4. Texto 1............. 6(el), 13(para), 19(Hemos)
   Texto 2.............29(Desde), 40(es)
5. Texto 1............. 2(hagáis), 13(en)
   Texto 2.............24(por), 31(cuanto),
                        42(arrepentirás/arrepientes)
6. Texto 1............. 6(el), 16(las), 30(por)
   Texto 2.............74(arrancándole), 78(quitándole)
7. Texto 1.............32(sales), 45(ø)
   Texto 2.............67(en), 73(es), 109(trata)
8. Texto 1............. 9(¿Por qué?), 21(confundí)
   Texto 2.............28(gusta), 35(que), 39(con)
9. Texto 1............. 4(la), 11(debió/debía), 19(para)
   Texto 2.............28(había/habría), 47(tardaría)
10. Texto 1............. 2(recortado), 13(con), 19(una)
    Texto 2.............31(cual), 41(de)
11. Texto 1.............11(que),15(Esto), 26(de)
    Texto 2.............38(fuera), 45(dentro)
12. Texto 1............. 3(a), 13(en), 19(que)
    Texto 2.............32(en), 42(sacara)
13. Texto 1............. 4(ha), 9(muchísima)
    Texto 2.............38(hubieras), 44(ha), 57(eso)
14. Texto 1.............12(me), 31(de)
    Texto 2.............50(salimos), 71(en),
                         74(pudiera)
15. Texto 1.............10(que), 21(una), 41(ø)
    Texto 2.............60(ø), 82(le)

2. Transcripción de textos orales (Comprensión auditiva, prueba 3 a)

● ●

• 1. El Escorial. Entrevista a Fernando Marías.

Son muchos los historiadores que piensan que San Lorenzo de El Escorial es, ante todo, un monumento funerario y, precisamente por esta razón, es además, monasterio, palacio, colegio, centro de cultura...

Es, pues, un edificio plurifuncional, que el profesor Fernando Marías, de la Universidad Autónoma de Madrid, explica así:

- Si perdemos de vista esta idea de que El Escorial es un edificio funerario, malinterpretamos muchas cosas que existen en El Escorial. Naturalmente, un edificio que es un panteón, pues, no puede ser, diríamos, una tumba actual. Necesita, en primer lugar, un culto, porque existe un culto, diríamos funerario en el mundo del siglo XVI en toda Europa, o por lo menos en la Europa católica. Y por lo tanto, para que exista ese culto funerario hace falta, bueno, unos sacerdotes o unos frailes que lo realicen y que lo realicen además a diario, y no sólo a diario, sino las 24 horas del día. Naturalmente, si existe la necesidad de que haya unos... unos frailes o unos religiosos, necesita que éstos vivan en un convento. Si existe un convento, es necesario que ese monasterio, diríamos, tenga un personal que se "autorregule" y, por lo tanto, es necesario un colegio y un seminario de religiosos para -de frailes jerónimos- para que cuando vayan envejeciendo y muriéndose, en tanto en cuanto que las preces y rezos funerarios tienen que seguir hasta la eternidad, pues que se auto... autoabastezca de frailes. En tercer lugar, existía una costumbre en España de que los reyes tenían -una costumbre que procedía de la época en que no existía una corte fija, diríamos que no existía una ciudad capital como va a ser Madrid desde 1561- de que los reyes tuvieran, diríamos una casa dentro de un monasterio y fundamentalmente en aquellos monasterios de la Orden Jerónima, que era la orden religiosa española por antonomasia. Entonces de ahí el palacio. Pero que es un palacio no sólo privado, sino un palacio también de la corte y, por lo tanto, de una serie de personajes del entorno de Felipe (II). Y por otro lado, la Orden Jerónima es una orden que se dedica al rezo, pero se dedica también a la cultura, y por lo tanto ahí aparecen, diríamos, el tema de la biblioteca, el tema de las investigaciones que, de diversísima índole, se van a realizar en El Escorial. [...]

[Texto adaptado de R.N.E. (1.985)]

• 2. Catecismos Americanos. Entrevista a Luis Resines.

El investigador vallisoletano Luis Resines ha publicado hace unos días el libro titulado *Catecismos americanos del siglo XVI*. Con el patrocinio de la Junta de Castilla y León llega a las librerías esta obra que forma parte del estudio sobre la historia de la Catequesis española que está abordando este sacerdote. La circunstancia de la celebración del V Centenario en 1992 ha llevado a los responsables de la edición a ofrecer este libro al público interesado en estas fechas. En el libro se estudia la difusión de la fe cristiana que acometieron los religiosos españoles en aquel primer siglo de estancia en América.

- Desde el punto de vista de difusión de la fe, hubo un problema de choque de culturas, eran dos culturas absolutamente distintas: la europea y la o las americanas. Y desde el punto de vista de las religiones, hubo también enfrentamientos, porque los planteamientos eran distintos, por ejemplo, la idea católica-cristiana de un único dios, se daba de bofetadas directamente con la idea de un politeísmo presente en las distintas culturas americanas. Entonces, ya de entrada ahí había que hacer una refundición de datos con todo lo que suponía eliminar, quitar de en medio la idolatría, los datos correspondientes como son templos, cultura, costumbres, modos familiares, moral... y había que replantear todo un sistema de vida conforme al sistema que llevaban los españoles que les parecía, con la mentalidad del XVI, el sistema válido.

Esas dificultades se salvaron de diferentes maneras, según Luis Resines se hizo más uso del ejemplo personal que de las armas de los capitanes españoles en la tarea de evangelización.

- Las armas estaban vinculadas porque Iglesia y poder político andaban vinculados, no hay forma de desvincularlos, desde nuestra perspectiva actual sí, pero entonces no. Pero los misioneros tendían a una presentación pacífica, aunque en ocasiones cayeron en la cuenta de que no era posible sin una especie de salvaguardia o de seguridad personal frente a la hostilidad que los indígenas manifestaban como consecuencia de los atropellos de los españoles. Pero optaron por esa línea, e incluso en ocasiones pidieron que los desembarcaran en zonas donde no habían pisado los españoles para presentar, diríamos, el evangelio *a pelo*. Encontraron esa hostilidad, hubo enfrentamientos, muertes, dificultades, pero sustancialmente yo creo que no, no se apoyaron en las armas, en alguna ocasión sí, ciertamente, eso no hay que discutirlo, ni hay que negarlo, pero fundamentalmente no, y de hecho muchos misioneros estuvieron muy cerca de los indios, mucho más cerca que el resto de los encomenderos, de los españoles, de los gobernadores, virreyes, etc., etc., porque los misioneros estaban a pie del tajo junto con los indios, y con ellos viviendo, presentando la fe y compartiendo sus inquietudes, de hecho muchos fueron grandes defensores de los indios, no sólo Las Casas, sino otros muchos. [...]

[Texto adaptado de R.N.E. (1.992)]

• 3. Entrevista a Jorge Palencia, miembro del Frente Farabundo Martí para la Liberación Nacional de El Salvador.

- El proceso de paz de El Salvador no está resultando fácil, serán años de continuado esfuerzo para recuperar el tiempo perdido, pero no hay alternativa. Ha sido un acuerdo de paz firmado entre perdedores, esto nos ha dicho en La Coruña, para "Pasión por América" un miembro del Frente Farabundo Martí.

- En "Pasión por América" podemos dialogar hoy, aunque sea de forma breve, con Jorge Palencia, miembro del Frente Farabundo Martí para la liberación Nacional de El Salvador. Habría que comenzar, Jorge Palencia, por hacer, si es posible, recuento de lo que es el momento actual El Salvador.

- Bueno, de momento se pasa por un proceso de cumplimiento de acuerdos y verificación de cumplimiento de acuerdos firmado el 31 de enero en Nueva York y ratificados con la firma de Paz en Méjico; es un momento que pretende ser de cumplimiento de acuerdo, pero que en la realidad se está pasando por una crisis bastante difícil, compleja, ya que la Fuerza Armada, el Gobierno salvadoreño, se resisten a cumplirlos, igual la oligarquía salvadoreña. Se trata pues de unos acuerdos que van a restarle poder a la

Fuerza Armada y a la oligarquía salvadoreña, poder económico. Particularmente en lo que se refiere a la desmilitarización del país. Como es un proceso que abre las puertas para la desmilitarización en El Salvador y también que abre la puerta a un proceso de desarrollo económico, en que la oligarquía salvadoreña pierde, digamos, este... sus intereses económicos, ya que nosotros pretendemos descentralizar todas las fuerzas económicas del país y pasarlas a manos de las mayorías populares, entonces no es fácil el proceso. Nosotros desde antes de la firma, creímos que iba a ser realmente complicado, complejo todo este caminar, y que también creemos que ya se están viviendo digamos esos presentimientos que nosotros teníamos de momentos duros, difíciles de represión del ejército todavía y de incumplimiento de acuerdos. A pesar de las medidas que se han puesto como en Naciones Unidas o Las Naciones Unidas para El Salvador, a partir del mes de abril y hoy en mayo, el Gobierno y la Fuerza Armada siguen todavía necios en cumplir la parte que les corresponde.

- Jorge Palencia, dada esta situación compleja y difícil sin duda alguna, ¿podría pensarse en una vuelta atrás de ese acuerdo tan difícilmente alcanzado?

- Bueno, nosotros valoramos que los acuerdos no tienen marcha atrás, no tienen retroceso, les conviene a ellos como oligarquía, les conviene como burguesía moderna, si hay que decir alguna palabra de..., me refiero a la burguesía que está interesada en que se cumplan unos acuerdos, porque les conviene económicamente desarrollarse; la producción en El Salvador no es posible si no hay paz. Nosotros teníamos marchando a un 45% de la capacidad energética que tiene el país, de manera que les conviene a ellos porque producen, a nosotros nos conviene porque eso significa, digamos, vivir una paz que nos va a dar, digamos, las posibilidades de un desarrollo de una democracia popular representativa, le conviene a los Estados Unidos porque mientras no haya paz en Centroamérica ellos tampoco pueden emplear Centroamérica como una plataforma o un puente de tránsito de su economía hacia el sur de América, es decir, le conviene a medio mundo, le conviene a todo el mundo, le conviene a Centroamérica. Pero bueno, no hay marcha atrás, lo que sí nosotros creemos que habrán* obstáculos, habrán* tropiezos por parte de las Fuerzas Armadas, del Gobierno, como, por ejemplo, el día de antier y de ayer este miércoles se dio en El Salvador una reactivación de la represión, por ejemplo, incumpliendo los acuerdos de Paz, las Fuerzas Armadas, la Guardia Nacional, la Policía de Hacienda catearon unas oficinas ya legalizadas del FMLN por ejemplo, la oficina de la Juventud comunista, eh... que es , perdón, la juventud del FMLN. [...]

[Texto adaptado de **R.N.E. (1.992)**]

* forma incorrecta en lugar de *habrá*, habitual en la lengua hablada.

• 4. Entrevista a José María Mújica, portavoz y director de la revista O.C.U. (Organización de Consumidores y Usuarios).

- José María Mújica, portavoz y director de la revista OCU, la "organización de consumidores y usuarios", que tampoco cierra en agosto, muy buenos días.

- ¡Hola, buenos días!

- ¿Ud. se ha quedado para de alguna forma, *ahorrar*, o seguir los consejos de que hay que apretarse el cinturón y sacrificarnos, o simplemente porque está haciendo, haciendo tripas corazón y preparando la que se nos viene encima?

- Bueno, la verdad es que me he quedado porque todavía no ha llegado el momento de tomar vacaciones, pero sí espero conseguirlo.

- José María Mújica, para los que están de vacaciones: ¿qué las disfruten, que las disfruten de verdad, como usted entonces hará dentro de poco? ¿Podemos, podemos ir de vacaciones según el panorama?

- Sí, sí, la verdad es que... las vacaciones es que... en estos momentos y en determinados sitios ya no es solamente una cuestión de querer o no querer, sino en muchos casos es una auténtica necesidad, ¿no?, aunque sea romper con lo cotidiano, con lo de cada día, con lo que significa, sobre todo en las grandes ciudades, el vivir esta tensión permanente ¿no?, entonces, aunque sea reducir un poco los objetivos, o las ambiciones, pues, evidentemente las vacaciones en estos momentos en muchos sitios es una necesidad.

- La gasolina y la subida supongo que habrá afectado a muchos. El retorno será más caro que la ida y para los que no las han empezado, lógicamente, serán más caras desde el principio. Esto afectará mucho, sobre todo a los consumidores... ¿Nos consumimos de tantos disgustos?

- La verdad es que, con motivo de esta última subida sí ha habido bastantes..., no reclamaciones, porque no hay donde reclamar, es decir, esto es una cuestión, una decisión de política económica y ahí poco podemos hacer, ¿no? Lo que sí ha llamado la atención es, por un lado, una subida tan grande. Parece que la única solución para salir de la crisis es aumentar de una manera tan escandalosa los impuestos que agravan consumos, hoy tan necesarios como es la gasolina, pero, sobre todo, también la justificación que se ha pretendido dar, ¿no?

- La OCU, además de protestar como todos, ¿tiene algún medio de llegar más alto, de decir las palabras más bien dichas en algún sitio que le oigan?

- Bueno, en tanto en cuanto se nos reconoce esa capacidad de representar a los usuarios y a los consumidores en la Ley General para la defensa de los mismos, pues sí podemos tener acceso. El problema es que muchas veces, aunque se chille más alto en cuanto a escala de responsabilidad, no siempre se nos escucha. Es decir, que venimos desde hace algún tiempo, reclamando muchas cosas, y todavía, pues, estamos esperando respuestas que realmente sean válidas.

- Imagino, además, José María Mújica, que no sólo de chillar se vive, también de ofrecer soluciones o alternativas...

- Efectivamente. Mira, al consumidor español, le cuesta mucho trabajo el utilizar los mecanismos normales de reclamación. En nuestra experiencia de organización vemos que muchas de las quejas que nos vienen no pueden sustanciarse en una reclamación efectiva, porque faltan documentos. Chillamos mucho en el café, chillamos mucho en la sobremesa, en la tertulia... pero luego, a la hora de la verdad no cogemos documentación suficiente para poder sustanciar una reclamación efectiva.[...]

[Texto adaptado de **R.N.E. (1.993)**]

• 5. Programa "Intercultura".

- [...] Intercultura, esta asociación de voluntarios, palabra que hoy suena mucho, o a lo largo de estos días, por aquello de los juegos olímpicos.

- Afortunadamente los juegos olímpicos han puesto..., no de moda, pero sí, sí han puesto, han dado información sobre una palabra que, que en España lamentablemente no es muy común, el ser voluntario y el tener una actividad aparte de tu trabajo, de tu actividad profesional, que te puede llenar; y en estos momentos en España, afortunadamente, también están floreciendo las organizaciones no gubernamentales y el asociacionismo juvenil y no juvenil.

- ¿Qué es lo que pretente Intercultura?, que supongo que de manera simplificada es que chavales cuyas edades y características luego podemos explicar, puedan venir, por ejemplo, a nuestro país durante un curso escolar, no durante el verano, sino de septiembre a junio, aproximadamente lo que es un curso escolar, venir aquí y poder estudiar... en cualquier colegio, aprender un idioma, pero todo integrado dentro de una familia y lo mismo a la inversa, es decir, españoles que puedan hacer lo mismo en más de 70 países, apuntábamos.

- Efectivamente, efectivamente, los objetivos inmediatos de Intercultura como asociación, es tener que, que los participantes en los programas tengan una mayor comprensión tanto de la propia cultura como de otras, aprender a vivir y relacionarse en distintos entornos culturales y fundamentalmente el desarrollo personal, el desarrollo íntegro de la persona en su educación. Esto lo hacemos a través de programas de educación intercultural, que también es una palabra que no se conoce mucho, pero que esperamos y además que es muy necesario que se conozca en los tiempos que corren teniendo tantas tragedias en el mundo en que vivimos. Intercultura nació en Estados Unidos hace 40 años, cuando un grupo de voluntarios decidieron participar en la guerra, pero no como luchadores, sino como conductores de ambulancia y camilleros. A raíz de esa iniciativa, al terminar el conflicto bélico, pues empezaron a aflorar estos intercambios y actualmente tenemos 100 estudiantes de diferentes países que van a venir aquí el próximo... a finales de agosto, y después de un cursillo de orientación irán a las familias que les van a recibir durante el curso 1992-93.

- Cien estudiantes que llegan a nuestro país, conocen a estas gentes que aquí viven, conocen las costumbres, conocen muchas cosas, ésa es una actividad que además en muchos países de Europa, de Estados Unidos, pues se da con relativa frecuencia, no así ocurre con chavales jóvenes españoles que vayan a otros países, esto se da menos todavía, ¿no? ¿Salvador?

- Bueno, desde hace 10 años han aflorado bastantes agencias que se dedican a enviar estudiantes, fundamentalmente a Estados Unidos a que estudien el año escolar, normalmente dirigen la atención a los padres sobre todo al tema del aprendizaje del idioma y de la convalidación de los estudios. Nosotros, no nos preocupa tanto ese tema, lo que ofrecemos es la educación integral, no solamente de los estudiantes que participan en un programa, sino de las familias que los reciben. Muchas familias que tienen o bien que tienen un hijo único o que tienen hijos que no tienen ningún interés en el contacto con el mundo internacional, y sobre todo que ven el idioma como una asignatura del colegio y no como un vehículo de comunicación, que es lo que es. Todas estas personas necesitan, probablemente en su casa, la participación en la vida diaria de una persona que puede traer un aire fresco y puede traer una motivación y sobre todo una ayuda a la educación de sus hijos.

- Vamos a apuntar algunas cualidades que deben tener estos jóvenes. Creo que tienen limitada la edad, por ejemplo.

- Sí, la edad tienen que tener entre 15 y 18 años de edad. Nosotros consideramos, y bueno, la experiencia nos lo ha demostrado, que en general, no nos gusta estereotipar ni generalizar, pero en general los, los chicos que van a convivir con una familia van a aceptar las normas de esa familia, entonces una persona demasiado madura y que ya tiene pues muchas manías, difícil le va a ser aceptar una disciplina en la vida familiar e igualmente una persona demasiado joven quizá no pueda sacar el provecho que una experiencia como ésta ofrece. [...]   **(Texto adaptado de R.N.E.)**

• **6. Entrevista a Luis Miguel Domínguez,** naturalista.

- [...] Los escarabajos peloteros son muy interesantes de observar porque, además, a veces, cuando estamos haciendo el castillo de arena, observamos un rastro, unas pisaditas en la arena, muy simétricos, casi casi como una cremallera en la arena. ¿Verdad que sí?

- Exactamente, lo he visto muchas veces.

- Bueno, pues eso son los escarabajos peloteros que han estado moviéndose de noche. Y nosotros lo que tenemos que hacer una noche, pues, hombre, además de tomarnos esa copita o esa cena estupenda veraniega, pues acercarnos por la playa que es siempre muy romántico y vamos a observar al escarabajo pelotero transportar su bola, su pelota.

- Luis Miguel, yo, yo... pienso que, estoy seguro, los he visto de día también trabajar.

- Sin duda, claro que sí, de día también se mueven. Y además son voladores, son escarabajos que vuelan. Y se... y además mueven mucha tierra. Yo una vez tuve la fortuna, Salvador, de llevar a observar escarabajos peloteros a un gran especialista en túneles, es un especialista en construcción de túneles humanos. Y él se quedó impresionado, porque decía que uno solo de estos seres, uno solo, en tres horas, movía una cantidad de metros cúbicos equivalente a un obrero, a una persona, pues, en aproximadamente medio día. Y esto es cierto, es verdad. Los escarabajos peloteros, aunque su obra no sea tan espeluznante y tan impresionante como un túnel, como el túnel de Guadarrama, lo que sí es verdad es que mueven una cantidad de tierra...

- Proporcionalmente a su tamaño es impresionante.

- Sin duda, sin duda... La fuerza, la fuerza... ellos meten la cabeza hacia dentro. Tienen la chepita muy gordita, es un escarabajo muy fácilmente identificable. Acuérdense siempre del escarabajo sagrado de los egipcios, siempre. Ese ser que aparecía en los jeroglíficos y que aparece en tantos símbolos...

- Es oscuro, café oscuro, negro...

- Sí, sí, sí, es negro prácticamente y es un ser con la cabecita muy chiquitita y con un dorso muy fuerte, muy potente, unas patas muy duras para poder arrastrar la bola.

- Un cachas de la naturaleza.

- Es un cachas, un cachas, una especie de Schwarzenegger insecteril, no sé si el término vale, yo creo que no, pero vamos, en todo caso es un tío estupendo, ¡eh!, el escarabajo pelotero. Hay otros seres...

- ¿Dónde se oculta cuando... no lo estamos viendo ahora en la playa, pero le vemos el rastro? ¿duerme...?

- En la vegetación. Sí, sí, en la vegetación.

- En las dunas quizás...

- Esas pequeñas dunas que tan poquitas nos quedan ya. Fíjate, hay un sitio estupendo del escarabajo pelotero. Muy cerca de Gandía, fíjate, que es un territorio visitado por muchos oyentes. Mucha gente nos estará escuchando desde allí... Muy cerquita. No voy a decir dónde exactamente, porque son de las pocas dunas que quedan en aquel territorio, pero ¡anden! por la costa, y se los van a encontrar muy fácilmente. Descansa mucho en esos restos, en esas gramíneas que han aterrizado, esas plantas, esas plantas herbáceas, que han aterrizado en forma de semilla en la arena de la playa y que allí pues forman esos matojos, esos grupos de vegetación. [...]   [Texto adaptado de R.N.E. (1.993)]

• 7. Tierra de Campos. Entrevista a Jesús Torbado.

- [...] Jesús Torbado, y para que nos ayudes a viajar, estábamos recordando aquel libro de viajes *"Tierra mala bautizada"*. Pero, cuéntanos, Tierra de Campos, ¿qué es exactamente?
- Es una región que ahora casi nadie la conoce y yo incluso diría que casi nadie... que casi ni existe. La Tierra de Campos es una comarca natural que está entre las actuales provincias de Palencia, Valladolid, Zamora y un poco de León, que son los que llamaban, que dicen... "Campos de Tierra" o "Campos de los Godos", que se llamaba tradicionalmente. Es una región de... cerealista fundamentalmente, aunque las subvenciones ahora la están convirtiendo en plantaciones de girasoles inútiles, con pueblos de adobe, pueblos todos ellos muy históricos, porque es donde antes nacía la gente. Ahora cuando hay una persona ilustre, pues ha nacido en Madrid o en Barcelona o en Sevilla. Entonces no, nacían en Villalón de Campos, Juny no, porque era francés, pero vamos, los Berruguete...
- Felipe Sahagún, por ejemplo... nació en Sahagún.
- Jorge Manrique, León Felipe, Berruguete...
- Bueno, y los propios reyes...
- Berruguete, que nació en Paredes de Nava que es un poco lo que llaman el "riñón" de Campos. Es un pueblo que está como a...
- Yo, con Tierra de Campos me emociono.
- Y es un viaje imprescindible, porque ahora a la gente, pues le gusta mucho ir a Acapulco y a esos sitios raros, pero realmente con el coche se llega en muy poco tiempo a estos pueblos que tienen una serie de hermosuras fantásticas.
- ¿Qué tiene? ¿Qué tiene?
- Fíjate, Paredes de Nava, por ejemplo, tiene cuatro, tiene cinco torres. Una es un silo de trigo y cuatro torres todas del siglo entre el XIII y el XVI, que yo viéndolas pensaba si se pudiera vender una de estas iglesias en Nueva York, pues solucionaríamos el problema de la SEAT o de cualquier otra empresa gorda, porque pagarían millones. Son auténticas catedrales, y en Paredes sólo queda, de las cuatro gordas que hay, una está dedicada al culto y está en mediano estado, otra la están reformando, que es donde está el gran museo de los Berruguete y las otras dos están arruinándose, y da una pena espantosa, porque son unas iglesias fantásticas, pero, claro, no hay dinero para mantenerlas en pie. Y estos pueblos, ya digo, aldeas que tienen, pues el que más pues puede tener mil habitantes, tienen todos unas iglesias increíbles. Lo que ocurre es que la mayor parte de las preseas o de las joyas que tenían, o las han robado los traficantes de obras de arte o están en los museos provinciales.[...]   (Texto adaptado de *Antena 3*)

• 8. Industria farmacéutica. Entrevista al Dr. D. Luis Villanueva.

- La Asociación Internacional de la Salud hizo ayer una denuncia pública, acusando a la industria farmacéutica de estar empujando a la mujer hacia el consumo de medicamentos innecesarios y contraproducentes. Según Catherine Hopkin, coordinadora para Europa de esta asociación para la Salud, las mujeres son los principales clientes de las farmacias, ya que se les prescriben tres veces más tranquilizantes, pastillas para dormir y antidepresivos que a los hombres, además de ser víctimas de tratamientos que, a la larga, pueden acarrear serios efectos secundarios. Es ésta una acusación que nos ha parecido lo suficientemente grave como para analizarla y contrastar si los datos son también aplicables en España. Para ello contamos con la colaboración del doctor Don Luis Villanueva. Doctor Villanueva, buenas tardes.
- Buenas tardes.
- Yo no sé si esto es cierto. Lógicamente, cuando es un informe y se ha hecho una denuncia de este calibre, tiene que tener sus puntos de razón. Pero usted, como médico, como doctor, ¿cree que es totalmente cierto el que las mujeres son, pues eso, las principales clientes de las farmacias y de los fármacos en definitiva?
- En efecto. Yo pienso que es cierto y es algo que uno ve en su consulta diaria. Por una parte, las mujeres, por el género de vida que se lleva en España, trabajan más que los hombres. Se calcula que el trabajo real por cada hora que trabaja un hombre, la mujer trabaja dos horas. Porque muchas veces tiene que trabajar fuera de casa y también en la casa. Y eso hace que tenga una vida como más difícil y le lleva a consumir muchos fármacos, tranquilizantes o para poder dormir por las noches, y no cabe duda que el consumo de somníferos, de benzodiacepinas que decimos nosotros, es mucho más alto en la mujer que en el hombre, y eso le lleva a una serie de problemas para su salud importantes. Y después la mujer, cuando llega a la menopausia, cuando se le va a retirar la regla, pierde densidad en los huesos, y eso hace que los laboratorios farmacéuticos la bombardeen con una serie de medicinas que realmente tienen poco valor en muchos casos y que además son muy caras. Me refiero fundamentalmente a las llamadas calcitoninas, que tienen una efectividad no demostrada. Las mujeres, si alguna me está oyendo, seguramente lo habrá oído... Antes se ponía en inyección, ahora se esnifa, digamos, o se respira por la nariz, y los laboratorios y algunos médicos la intentan convencer de que con eso no va a perder densidad en sus huesos, no va a tener la temida osteoporosis. Pero eso en absoluto está demostrado y es muy duro decirlo, pero es el cuarto fármaco más recetado en España o que más dinero le cuesta a la Seguridad Social, y es un fármaco que hoy por hoy no podemos decir que sirva para nada. Entonces lo que dice, de alguna manera lo que usted decía antes, es cierto: que a la mujer la estamos bombardeando entre los médicos y los laboratorios farmacéuticos y, en gran parte, esto es peligroso para su salud. [...]   (Texto adaptado de *R.N.E.*)

• 9. La cabra montés. El regreso de la especie.

Cuando la población española de cabra montés, algo recuperada, comenzaba a campar de nuevo por las sierras más agrestes, un golpe bajo de imprevisibles consecuencias la situó de nuevo contra la pared. El enemigo no podía ser más bajo: la sarna sarcóptica. La proximidad y el contacto con el ganado doméstico fue la causa de la transmisión de esa enfermedad. Concretamente en el parque natural de Cazorla, Segura y Las Villas (Jaén), santuario de esta especie, el número de ejemplares descendió de 8.000-10.000 a tan sólo 300 en los últimos cuatro años. Los expertos localizaron los primeros casos de sarna hace seis años, pero no se pudo reaccionar a tiempo. Pocos meses después, se vivieron los momentos más angustiosos, con las toradas (grupos de machos) y los rebaños de hembras alcanzando mínimos históricos. La población total descendió entonces en casi un noventa por ciento. Gamos y muflones fueron los que pagaron el pato. Se sacrificaron quinientos ejemplares de estas dos especies para salvaguardar a las cabras. El pecado de los gamos y muflones fue amenazar el hábitat y la supervivencia de una de las joyas de nuestra fauna, que ya tenía suficientes problemas con la sarna y sus gravísimas consecuencias. El responsable, un ácaro de tamaño microscópico, llega hasta la cabra montés, Capra Pirenaica, transmitido por el ganado doméstico. Tras un período de incubación de entre quince y veinte días, comienzan los picores y las caídas de pelo. Los síntomas posteriores son mucho más duros. Fiebres, úlceras y desnutrición hacen de los ejemplares enfermos un blanco perfecto para los depredadores. La cabra montés no es un animal ágil y esbelto. Su mirada no es demasiado inteligente y sus proporciones no son las de un gran atleta. Sin embargo, hay algo que la convierte en la gran señora de las cumbres y, por extensión, en objeto de deseo de cientos de cazadores: la impresionante cuerna que lucen los machos. Una corona que les otorga carácter y poderío, y también persecución y muerte. El sonido que produce el choque de sus defensas, en la época de celo, forma parte de la más rancia tradición montañera. La cabra no es un animal social, pero sí gregario. Los machos adultos forman sus propios rebaños y por otro lado hacen lo propio las hembras con los jóvenes y las crías más recientes. Sólo cuando los espacios son muy reducidos viven todos agrupados, pero los rebaños en ningún caso son excesivamente grandes. Con tristeza, muchos recuerdan los días en que corrían grupos de cien ejemplares por la serranía de Gredos.

[**Texto adaptado de** *El País* **(1.993)**]

• 10. La Pseudo-ciencia. Entrevista a Félix Ares.

- Vamos a dialogar enseguida con Félix Ares, es nuestro inmediato, nuestro siguiente invitado; Félix Ares es presidente de la Asociación Alternativa Racional a la Pseudo-ciencia. Hace una hora aproximadamente, en este programa hemos tenido como invitado a Juan José Benítez, periodista, investigador y director de un curso sobre los grandes enigmas: los OVNIS, también ha estado con nosotros Julio Marbizón, meteorólogo, investigador también del fenómeno ufológico, del fenómeno OVNI. Hemos comentado con ellos que el hecho de que se esté desarrollando un curso universitario sobre la cuestión significa un cierto reconocimiento, un indudable reconocimiento, decía Juan José Benítez al ser preguntado por esta misma cuestión. Sin embargo, y en el ámbito de los mismos cursos universitarios, los de la Complutense en El Escorial, se está desarrollando otra parte de la cuestión, digámoslo así, el presidente de la Sociedad Alternativa Racional a la Pseudo-ciencia también ha expuesto sus puntos de vista, acerca de lo que ellos consideran que debe ser combatido y es precisamente pues todo lo que se refiere a los OVNIS, a la parasicología, pero, en fin, vamos a entrar en el detalle enseguida con la opinión y con las respuestas de Félix Ares. Muy buenos días, Félix.

- Hola. Buenos días.

- Quisiera que comenzáramos hablando de la razón de ser misma de la Asociación, porque el hecho de que ustedes hayan decidido poner en pie una asociación, una sociedad para hacer frente a estos fenómenos que tildan de pseudo-ciencia, ¿no es una forma de reconocer su implantación real?

- Evidentemente, si nosotros hemos sentido la necesidad de crear una asociación que hasta cierto punto ponga la otra cara de la moneda de la pseudo-ciencia, es porque la pseudo-ciencia está muy implantada, luego..., sí, la respuesta es que sí.

- ¿Por qué creen ustedes que todas esas actividades, los OVNIS, la astrología, o las predicciones del futuro, son falsas aproximaciones científicas?

- Son falsas aproximaciones científicas puesto que utilizan el lenguaje de la ciencia sin haber entendido cuál es el método científico, entonces, si utilizan mal el lenguaje de la ciencia y lo utilizan de un modo absolutamente incorrecto, podemos decir que todas son pseudo-ciencias; ésa es nuestra... nuestra idea.

- ¿Con la Sociedad alternativa que ustedes ponen en pie quieren plantear una batalla frontal o simplemente dar una voz de alarma?

- Yo creo que las dos cosas, por un lado es una señal de alerta, y quizás nosotros hacemos más hincapié en la señal de alerta, pero indudablemente también es plantear una batalla, plantear una batalla contra la superstición, la ignorancia, y combatir y romper una lanza en favor de la racionalidad, de la ciencia y del sentido común. [...]   [**Texto adaptado de R.N.E. (1.992)**]

• 11. Andalucía. Entrevista a Javier Bocerga.

- Andalucía, naturalmente, siempre está de moda y sobre todo siempre es un destino turístico de primer orden. Ustedes, sin duda, en alguna ocasión, bueno, me imagino que sí, habrán visitado alguna de las costas andaluzas, alguna de las ciudades monumentales..., en suma, alguno de los múltiples puntos de interés que presenta la comunidad andaluza.

- Don Javier Bocerga, buenos días.

- Buenos días.

- Don Javier Bocerga es el jefe del Servicio de Fomento y Comercialización Turística de Andalucía y la verdad es que Andalucía siempre está de moda y prácticamente poco se puede decir ya sobre yo creo que la comunidad turística por excelencia de nuestro país.

- Pues, tal vez por contraste todavía se puede decir mucho porque..., no hay que olvidar que Andalucía son 90.000 km², y que, efectivamente, se conoce determinadas epidermis de Andalucía, pero... Andalucía, como digo, es un región pues prácticamente como Portugal, o como el Benelux, con unas diversidades enormes, desde clima subdesértico hasta clima con mayor pluviometría de España, con un Atlántico y con un Mediterráneo, con lo cual crea esa evidente diversidad de Andalucía, que... normalmente, pues ofrece una gran variedad. Y esa gran variedad yo creo que todavía es relativamente desconocida.

- Parece ser que están ustedes intentando lanzar algo llamado "Andalucía y América", ¿qué es eso exactamente?

- Bueno, nosotros lanzamos este año, dentro de, evidentemente del 92, que digamos que desde nuestro lado, desde el lado de turismo, que muchas veces se nos tacha pues de ser un sector un poco trivializador de la realidad, un poquito..., somos un poco, un sector poco serio, digamos, se nos tacha muy a menudo... Pues, pensamos, vamos a hacer una aproximación a, pues..., siempre con el sentido de que cualquier cosa que nosotros lancemos evidentemente es para que se plasme en un viaje, para que esa viven-

Diploma superior de E.L.E.

cia se plasme en un viaje, pues pensamos en hacer una aproximación a aquellas vinculaciones de Andalucía y de América tan, por otra parte, pues desde el punto de vista científico, desde el punto de vista histórico, tan absolutamente notables y evidentes..., para convertirlo de alguna forma en una sugerencia, una motivación más de viaje. Entonces, preparamos una guía con esta serie de vinculaciones, una guía muy simpática, que por otro lado, pues ha tenido en América, pues... sobre todo en América un éxito extraordinario incluso entre los pabellones de los países americanos en la Expo, nos ha sido tremendamente demandada. Y sin ningún tipo de pretensiones, porque evidentemente, como digo, nosotros somos divulgadores, no vamos a añadir nada a la historiografía sobre el tema, pues lanzamos esta guía sobre estas vinculaciones de Andalucía con América para suscitar el ver Andalucía también con otro prisma, con otra visión, con un sesgo, digamos especial, en este año tan, por otra parte, tan tan especial también, valga la redundancia.

- Hay algo evidente en lo que usted decía. Nos decía que quizás tenemos una idea un poco... o venía a decir, vamos, nos insinuaba, que tenemos una idea un poco tópica de Andalucía. Nos decía en suma, que conocemos sólo algunas epidermis de Andalucía. Es que, como también usted apuntaba, es muy difícil poder conocer toda Andalucía, ¡eh!, requiere mucho tiempo, vamos.

- Efectivamente, ya sabe que nosotros, Andalucía siempre ha sido un poco es aún por decirlo la quintaesencia del tópico español, y eso no es que ni pretendamos en absoluto ni sacudirnos de encima semejantes tópicos, porque los tópicos responden además a una realidad, que es cierta... No hay que ponerse tampoco dramáticos en estas cosas... Pero creemos también que es un momento muy oportuno de intentar profundizar en conocimientos y en el aspecto, pues lógicamente, de las ofertas andaluzas para el turismo, pues lógicamente estamos haciendo unos esfuerzos enormes en promocionar también otras formas y otras maneras de visitar Andalucía. En cualquier caso yo lo que yo sí que quería, tal vez incluso podría haber sido un prólogo, es que... ahora mismo, Andalucía, el nivel, por ejemplo, de infraestructuras que se han hecho en estos últimos años es tremendamente positivo en este aspecto. Es decir, antes Andalucía pues era difícil acercarse a zonas, o a lugares, o a otras ofertas más... no tan en boga por así decirlo... Ahora el nivel de infraestructuras en Andalucía hace que se pueda acceder a una complementariedad enorme de oferta turística. Es decir, que si antes la Costa del Sol ofrecía, pues, el típico producto de sol y playa, pues ahora desde la Costa del Sol es tremendamente fácil acercarse a zonas que antes entraban casi en el turismo aventura del que ustedes hablaban. [...]

[Texto adaptado de S.E.R. (1.992)]

• 12. Fonocarta de Cortázar.

[...] Bueno y ahora con respecto al milenario del idioma español, me hacés dos preguntas, que son bastante peludas. Te las contesto también de una manera bastante sumaria. Me preguntás cuál me parece que ha sido la aportación básica de Latinoamérica, no sólo de sus escritores, a la historia y al desarrollo del idioma. La respuesta no, no, no puede entrar en unas pocas líneas, en unos pocos momentos. La única síntesis posible es decir que, que todo lenguaje contiene la historia, la historia a la cual pertenece ese lenguaje y la historia en general. No hay, no hay ningún lenguaje ahistórico y que, por consiguiente, eh, la historia de Latinoamérica, en la medida en que naciendo de la historia de la Conquista española y, abriéndose luego como las ramas de un árbol y buscando su propia identidad y su propia realidad en cada uno de los países que constituyen América Latina, es lógico que los, los idiomas, y creo que ya se puede usar el plural aquí, para, para entendernos mejor, es decir, las, las formas que asume el español en Venezuela o en la Argentina, eh... se han ido tiñendo a lo largo del tiempo, un tiempo no demasiado largo, pero sí un tiempo profundo, se han ido tiñendo de las características propias de los pueblos que formaron esos diferentes países, al punto que en la actualidad esas diferencias son claramente perceptibles y permiten definir con toda claridad lo que podríamos llamar una literatura guatemalteca, contrapuesta a una literatura boliviana y, eh, las dos, contrapuestas a una literatura escrita en Madrid. En esto que estoy diciendo, que quede bien claro que no estoy creando una escala de valores, que no estoy queriendo decir de ninguna manera que el español -o los españoles, si preferís- que se está escribiendo hoy en América Latina, es automáticamente superior al que se escribe en España. Lo que creo simplemente es que el español peninsular, eh, continúa siendo lógicamente tributario de una evolución histórica ya mucho más decantada, ya mucho más lenta, en la que una serie de enormes crisis que van creando la infancia, la adolescencia y la madurez de un pueblo, han estado ya cumplidas, y España actualmente vive una etapa de su vida, que, dentro de un período de tiempo determinado, es mucho más pausada, es mucho menos convulsiva de lo que son las etapas equivalentes en los países de América Latina. [...]

(*Texto inédito, 1.976*)

• 13. Entrevista a Ernesto Sábato.

[...] Unos meses después, en diciembre, se dio a conocer el ganador del premio Cervantes 1.984: el escritor argentino Ernesto Sábato. El jurado, compuesto por destacadas personalidades del mundo de la cultura, reconoció en el autor de *Sobre héroes y tumbas* al narrador y ensayista lúcido y comprometido, que ha sabido recoger el desasosiego y las contradicciones espirituales y metafísicas de todos los hombres.

- Qué problemas se plantean en el fondo, y los grandes problemas de la condición humana, la vida, la muerte, este... las desazones, la esperanza, la angustia, la soledad, el sentimiento de com..., la necesidad de comunicación...

- Ernesto Sábato tiene 73 años, fundamentalmente tres novelas le han hecho famoso: *El túnel*, escrita en 1.948, *Sobre héroes y tumbas*, en 1.952, y *Abaddón el exterminador*, escrita en 1.974.

- La razón de su sobriedad expresiva radica en que es un autor muy exigente con su propia obra, hasta el extremo de que sus dos últimas novelas estuvieron a punto de ser arrojadas al fuego.

- Sábato, que antes que escritor fue pintor, se doctoró en física en la Universidad de la Plata y viajó a París en 1.938 para especializarse en el Instituto Curie. Posteriormente viajó a Massachusetts, Estados Unidos, por igual motivo. Más tarde, después de ejercer la docencia, abandonó las investigaciones para dedicarse a escribir.

- Sobre la que hasta ahora es su última obra, *Abaddón el exterminador*, Sábato ha declarado:

- En Abaddón yo aparezco, porque es una novela de una novela en cierto modo, yo aparezco ahí como uno de tantos personajes, y está mi muerte en la novela, está mi lápida. Y... de manera que esa novela, de alguna manera premonitoria para mí fue considerada como la última. Yo digo allí todo lo que tengo que decir, yo no creo mucho en la reiteración; un escritor, un artista en general tiene ciertas obsesiones, que son permanentes y que vienen desde la infancia, y sobre esas obsesiones he escrito yo. [...]

(Texto adaptado de R.N.E.)